アリバイ

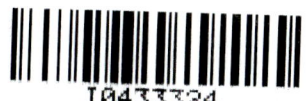

マイケル：ブレナン：1973年、シドニー生まれ。現在は、東京に在住。著書に詩集『The Imageless World（イメージなき世界）』（2003年）『Unanimous Night（満場一致の夜）』（2008年）『Autoethnographic（オートエスノグラフィック）』（2013年）、共著に『Sky was Sky（空は空）』（イメージ：武藤亜希子、翻訳：四元康祐）。これまでに、マリー・ギルモア賞、ウィリアム：ベイルブリッジ賞、グレニス：ヒビン賞などを受賞。著書は、中国語、フランス語、ベトナム語、スペイン語、イタリア語に翻訳されている。

ジウン：ジュン：キム：ビジュアル・アーティスト。ソウル在住。米国ワシントン大学（セントルイス）にて美術学修士号（ビジュアル：アート専攻）取得。セントルイスと韓国で多くのグループ展に参加し、ソウルで個展「Dreamscape」「 Home Invasion」を開く。

四元康祐：1959年大阪生まれの広島育ち。1986年以降は米国およびドイツでの海外暮らしが続いている。詩集に『Family Room』（2010年、英訳詩集）、『日本語の虜囚』（2013年、鮎川信夫賞）などこれまで十三冊。世界的な現代詩インターネットサイト、ポエトリー：インターナショナル：ウェブの日本担当エディターとして、日本の現代詩の紹介を続ける一方、自らも作品も20カ国以上の言語に翻訳されている。

ジウン：ジュン：キム　作品リスト（掲載順）

Watch Me Watch You Acrylic and Flashe Paint on Canvas193.9x130.3, 2013.
St.Louis Dreamscape 2, 24x48 inch, Water based pigment and Flashe paint on Ricepaper mounted on wood panel, 2012.
Home Run Acrylic and Flashe Paint on Canvas130.0x97cm, 2013.
Unicorn Lives Here Acrylic and Flashe Paint on Canvas130.3x97cm, 2013.
Candy Coated Home Acrylic and Flashe Paint on Canvas62x93cm, 2013.
Journey to Home Acrylic and Flashe Paint on Canvas60.96x121.92cm, 2012.
St.Louis Dreamscape 1, 24x48 inch, Water based pigment and Flashe paint on Ricepaper mounted on wood panel, 2012.
Bubble Pop Acrylic and Flashe Paint on Canvas44x55cm, 2013.
Piper Neighbor Acrylic and Flashe Paint on Canvas44x55cm, 2013.
Shining Through Acrylic and Flashe Paint on Canvas44x55cm, 2013.
Smokie Home Acrylic and Flashe Paint on Canvas44x55cm, 2013.
St. Louis Home Landscape 1 26x 106 (inch) Ink on Korean Paper, 2011.
St. Louis Home Landscape 2 26x 106 (inch) Ink on Korean Paper, 2011.

装画　ジウン：ジュン：キム（2011）「St. Louis Home Landscape 2」
装丁　マイケル：ブレナン

For the original English version of work published here, visit: http://www.giramondopublishing.com/poetry/autoethnographic/
The author wishes to thank Ivor Indyk and Giramondo Publishing.

For more information on the works of Jieun June Kim, visit: www.jieunjunekim.com

Stray Dog Editions, Tokyo, 2015.

Designed and typeset by Michael Brennan.

ISBN 978-1-922181-12-1

アリバイ

Michael Brennan **prose** | Jieun June Kim **images** | Yasuhiro Yotsumoto **translations**

Stray Dog Editions | Tokyo 2015

You wind around me. You wind
around you. The rain falls too,

and I see the sun. And even when
the sun shines I see the sun.

Tomaž Šalamun

For Ayako Suzuki & Strange Kinoko Dance Co.

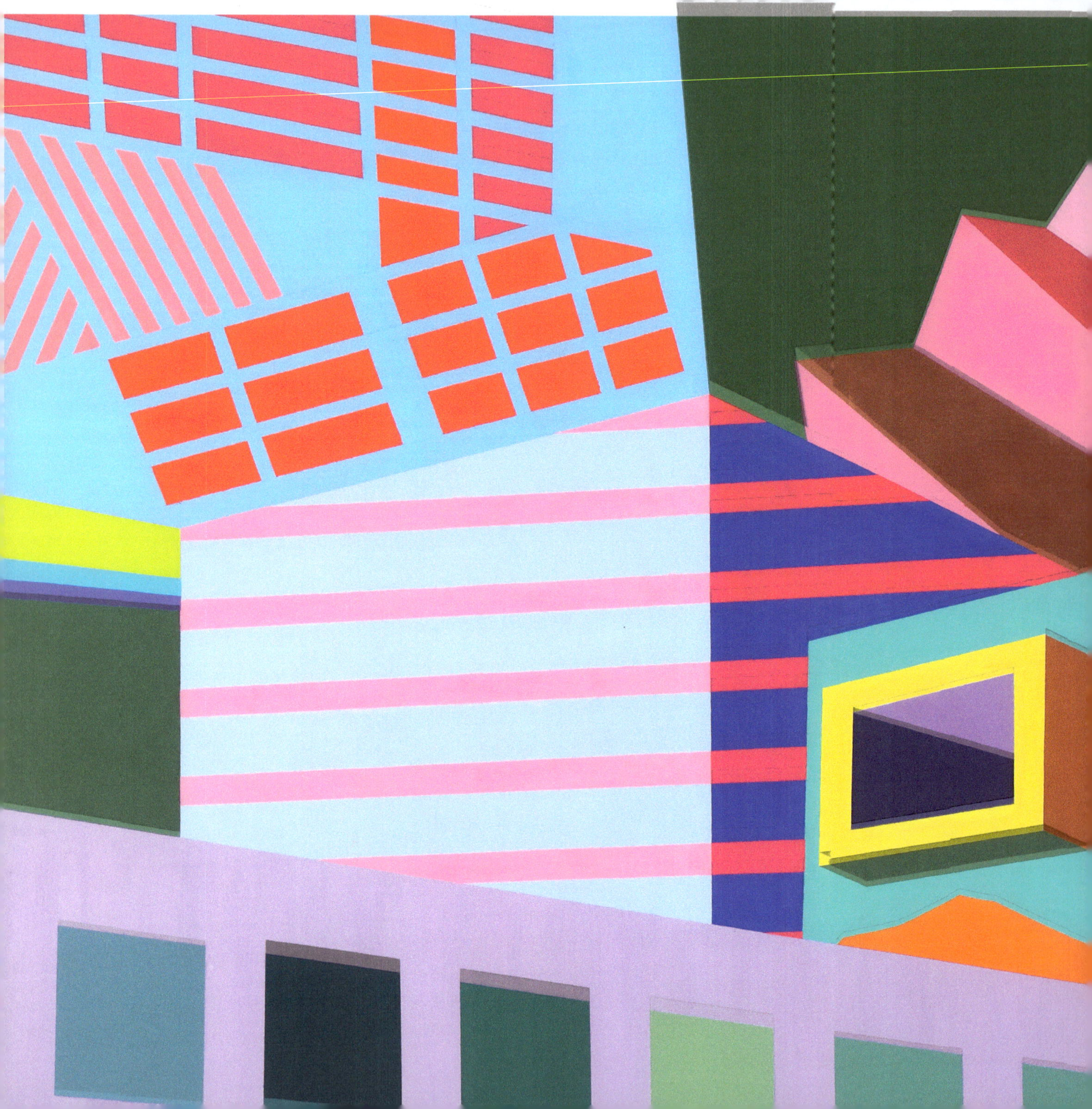

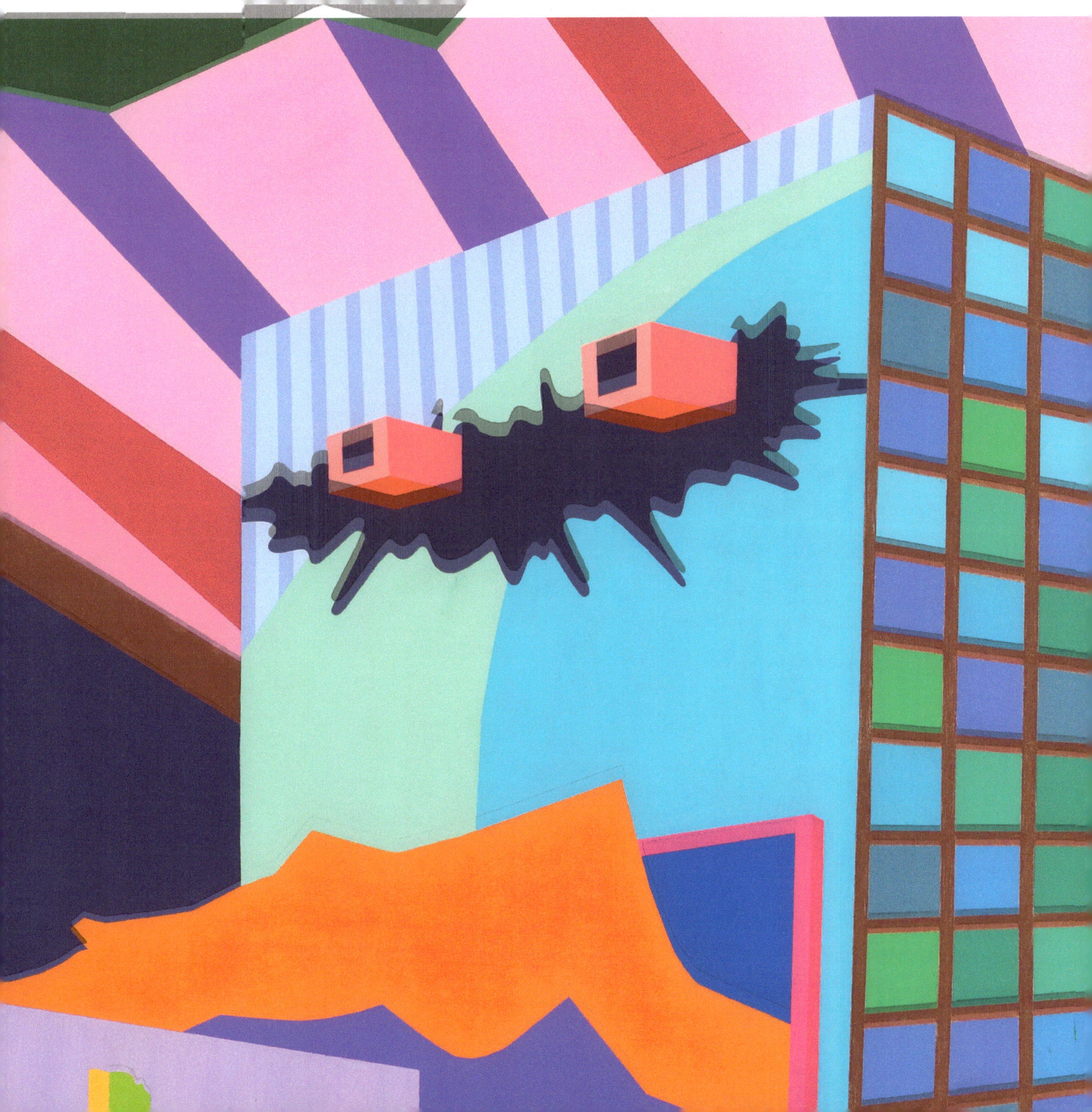

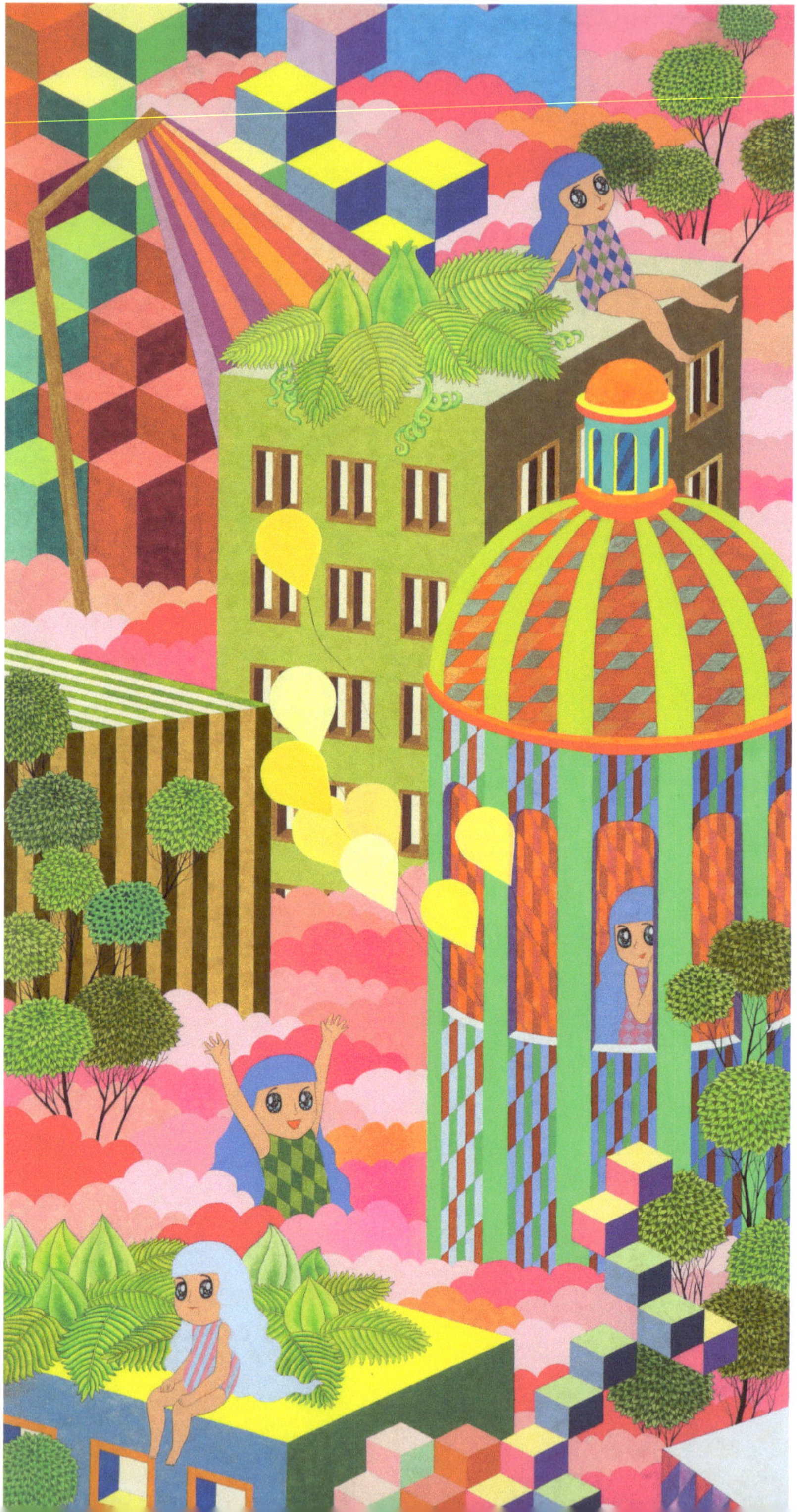

アリバイ・ウエンズデーって、何者？

Who is Alibi Wednesday?

「心配するなよ、面倒はちゃんと見てやるから」と街に言われて、君は得意満面。船を降りる前からもう一旗あげて成り上がるつもりでいる。潮はシドニー湾を素早く出たり入ったり、スーハースーハー、まるで街が息をしているかのよう。もう何年もそうしてきたのだ！移民局の金髪美人は、書類を審査すると、君の唇を縫い合わせていた糸を抜き取り、「海風」という名前のカクテルを差し出してみせる。ウォッカ、アイス、スピードを等分に混ぜてやると街は歓喜の叫びをあげるだろう——密入国請負人らが言ったことは嘘じゃなかった。こいつは効いた。おまけに砂漠で四十日も過ごしたばかりの君は、大いに羽目を外したがってる。浮かれたあげく、君は誰にも分からない言語で美しい呪詛を吐き散らす。そこへ処刑人が真っ黒な仮面を被り、ボウイナイフと言語障害を持って入って来る。ナイフの舌が君の喉仏を舐めているときも、君はまだはしゃいで表面を引っ掻いている、この街にすっかりぞっこんで。

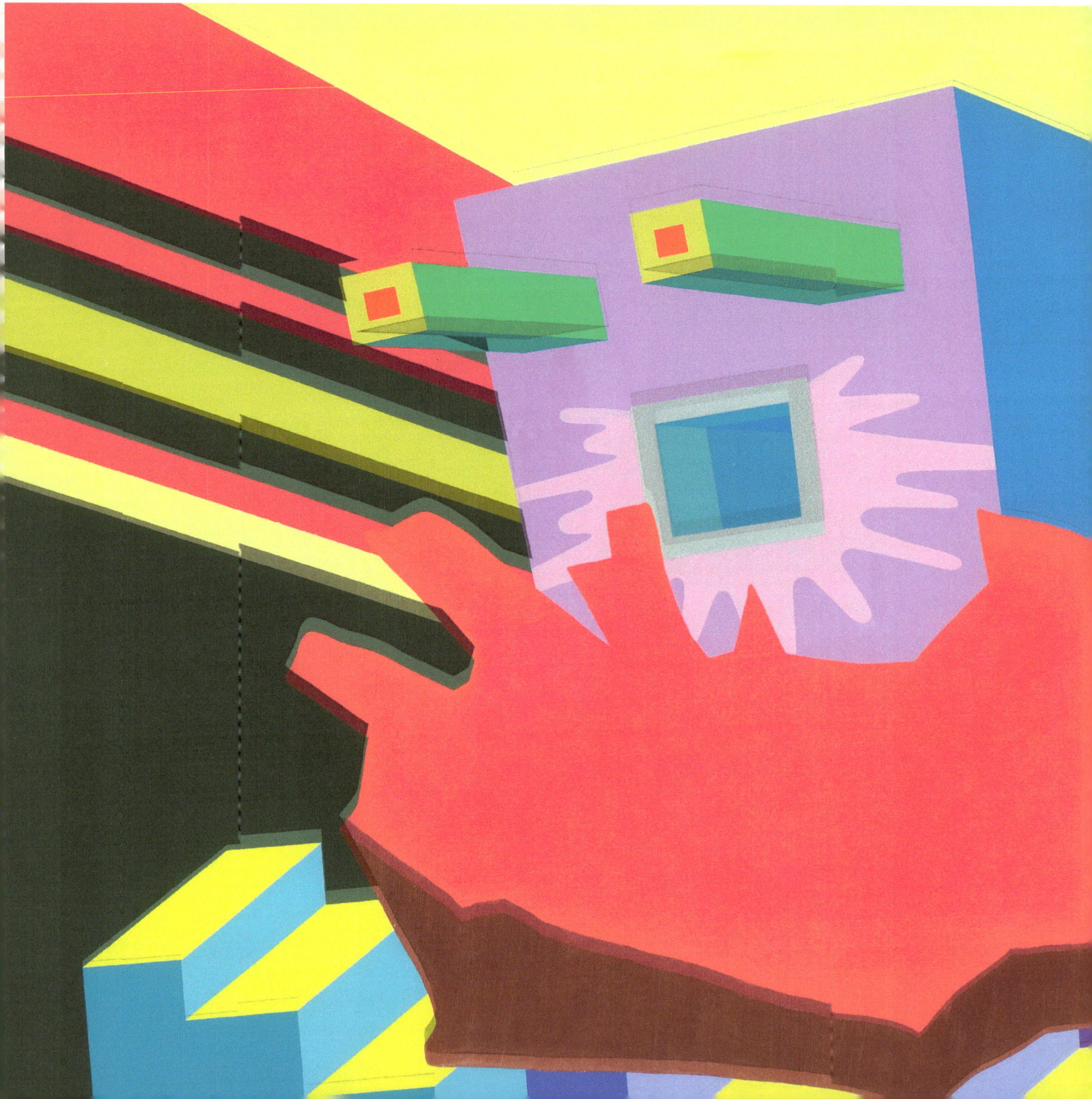

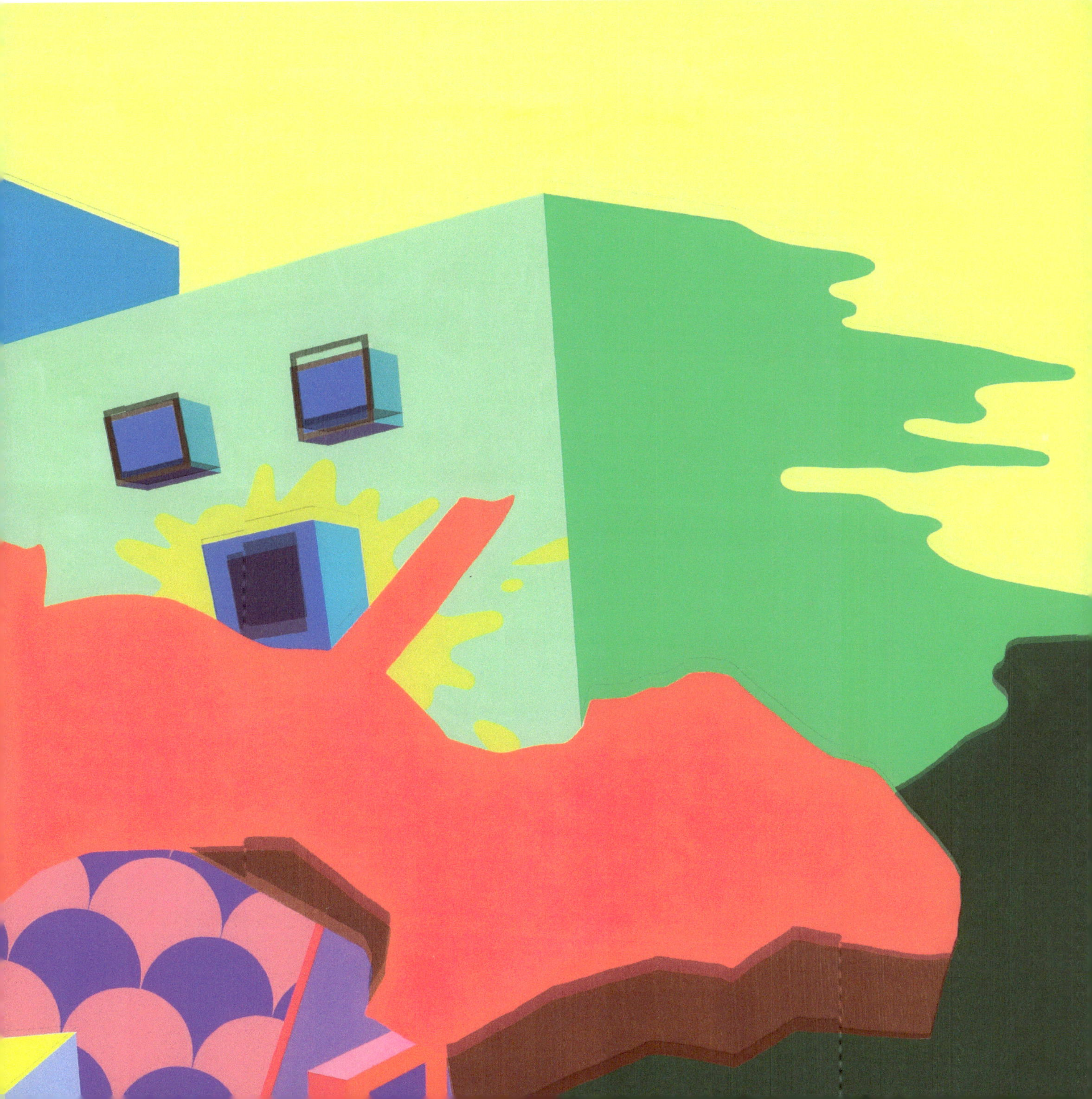

サーカスの後で

After the circus

ここにどんな太陽が沈むというのだろう？連中が手仕舞いしたあとの、菓子の包み紙や入場券の半券が撒き散らされたこの空き地に？ 行ったり来たり来たり行ったり、卑屈な足跡に踏み固められたこの地面に？ 嘲け笑う迷える魂たちの不在の足に？ もっと眩しいもっと磊落な光を魂は求めている、こんな中途半端な暗がりなんかじゃない光、テントの留め具に蹴躓いて翌朝になったら足の親指のまん丸太った事務員が紫色に腫れ上がってしまうような、そんなひ弱な黄昏じゃない光を。射的場の軒先に吊るされた豆電球の、お砂糖まぶした眩しさのなかをうろつき回り、笑う道化や無闇矢鱈と振り返っている頭に紛れこんで、君は騒々しい群集を眺めている、おやすみ、永のお別れ、いないない、ばあ！手は容赦なく道化に餌を与えつつ、気持ちははや賭け事の方へ、綿くずを詰めこんだでっかい縫いぐるみの方へ流れてゆく。いかさま師らがこそこそ行き交うその頭上、ひび割れたペンキ絵は、怪力男の二の腕に彫られた刺青の、うねうね波打つ筋肉の海に沈んでゆく錨に、いずれ劣らぬ色鮮やかさ。ねえ君、だらしなくカーニバルの一座に連なって、目ん玉ひん剥き、じろじろ眺め、こっそりお触り、仮病を使って、引き篭もってる、そう君だよ君、調子っぱずれな約束を捻り出すオルガンの、相も変わらぬその調べ、舌先三寸でまかせのその文言を聴きながら、二束三文の安物求めて走り回っている君、恐慌が低い唸り声を発してるのが分かるかい？分厚いテントの幕の下、軽業師やら曲芸師、ロバの背中に跨って、狂ったように飛び跳ねているナポレオンに扮した猿やらに、頭くらくらさせられながら、君は聴いている、三本指のバイオリン弾きが不器用に奏でる調べ、びっこの蟹が指盤を走り回った挙句に音楽もろとも炸裂し、木っ端微塵に吹き飛ばされるのを。口から胸の奥まで深々と剣を呑んだ大道芸人の、その剣のツカに触らせてもらって、君は感じている、彼の鼓動を。猿轡を噛まされて檻に閉じこめられていた君の夢が飛び出して来ると、なぜかそれがもっと間近に感じられるのだ。芸人たちはあとからあとからぞろぞろぞろぞろ、稽古はみんなたっぷり、車のドアから転げ出てくる道化師たち、観客席の最前列前へと降り注ぐバケツいっぱいの紙吹雪と水の乱痴気騒ぎ、指先から空中へと噴き出して、ナイフと騒音と暗闇のさなかで踊る炎。髭を生やした淑女がアリアを奏で、ガリガリの熊手男がガラスの破片を裸足で歩き、自分の睾丸に絹の鎖を巻きつけて侏儒(こびと)を吊り下げ、もうひとりがその頬から舌へ焼き串を突き刺すと、侏儒の視線は地平線に固定される。君は見つめる、おっぱいでいっぱいのスパンコールの上着、羽飾りに擽られてヒイヒイゲラゲラ息切らす群衆、でも君だけは息を呑んで、真実が暴き出されるのを待っているのさ。やがてトレーラーハウスの隙間に蹲って、君の酔っぱらった舌は言葉のなかへ縺れこむ。中国人の占い師の濡れた唇が開いて、見知らぬ言語で君自身の未来が予言される。発電機のブーンとガタガタ、群衆の笑いとゲップ、粘ついた甘味と煙の雲が立ち昇り、汗は光と迸る、太陽がゆっくり昇って、いまやがらんとなった空き地の、忘却の淵へと沈みゆく事物の上に、サーカス団長のひん曲がった嘴、逆光のなかに浮かびあがるその鍵鼻と、ナイフ投げがひたと見据えたまま中空に置き去りにした眼差しだけが遺されている、君を忘れた薄闇が押しつぶされるとき、君はのろのろ立ち去ってゆく、割れた足の親指を引きずり引きずり。

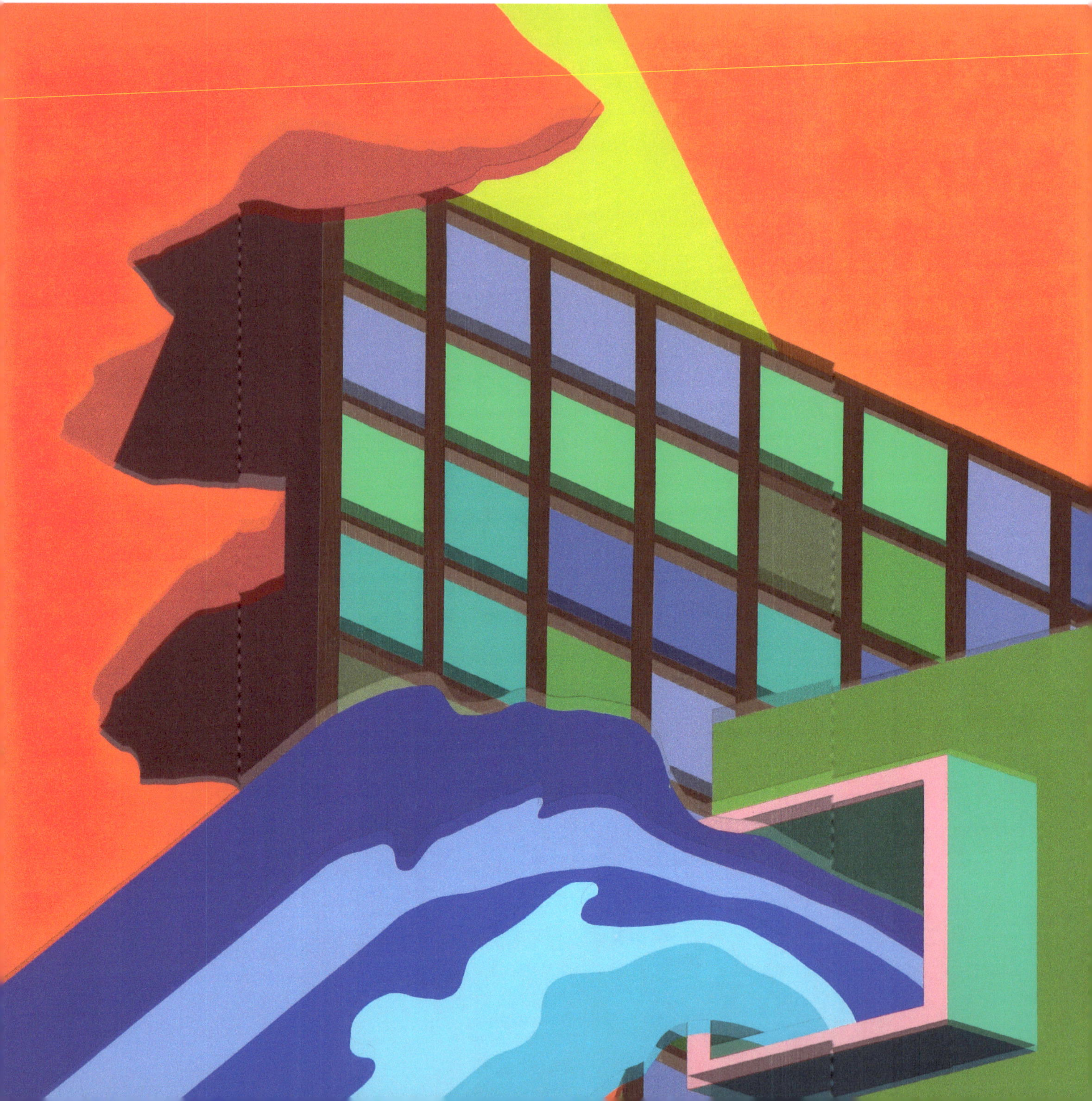

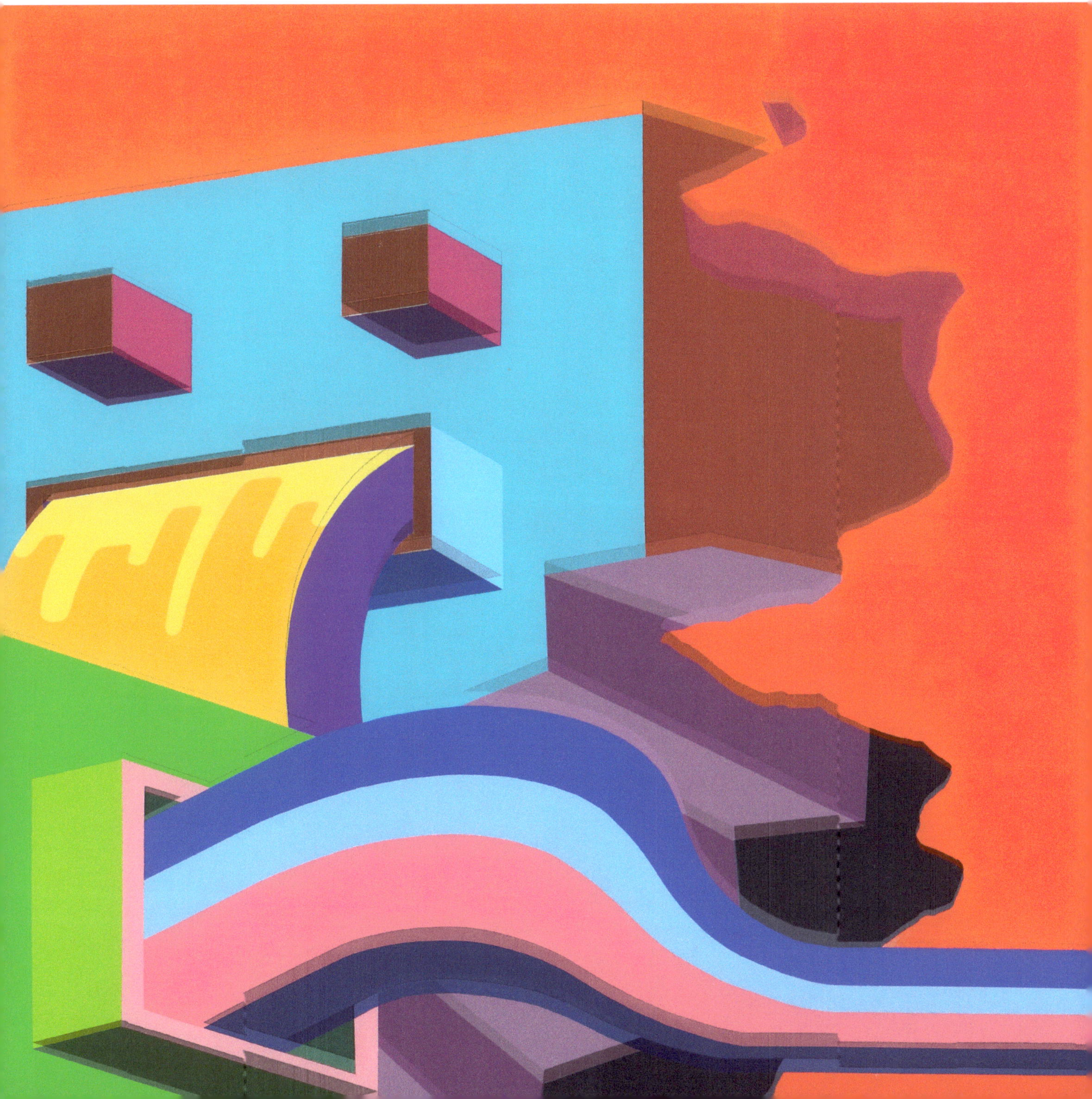

牛の心臓のかたちをしたトマト

Those ox-heart tomatoes

息子に食事の後片づけを命じた。「ジャンボ、食事の後片づけをしなさい！」威厳をもって、いかにも父親が言いそうな口調でそう言ったのだ。ジャンボは、皿やオレンジの皮やアンチョビのペーストなど、朝食の遺物をのろのろと集めながら、その間じゅうじっと横眼でこっちを見ていた。「来月になれば、二月最後の日々がやってくる」私はわくわくした朗らかな声を出した。「さあ、どうする？」ジャンボはもう流しの前にいて、蛇口から流れ出る水の行方を観照していた。「ぼくらは一生互いから離れられないんだよ」ぼんやりとフォークの先で頭の横を掻きながら、息子はそう言った。「父さんはな、母さんがライドから戻ってくるのを待っているつもりだよ。母さんは熟した牛の心臓のかたちをしたトマトを持って来てくれるだろう。そいつをレンジの炎で直接炙って分厚いパンのスライスにのっけて食べるんだ」「もしもまだガスが残ってたらね」ジャンボが口を挟んだ、親指でバターナイフから魚肉のペーストをこそぎ落としていた。「もちろん、ガスはたっぷり残ってるさ。母さんはちゃんと約束を守ってくれて、教会の鐘の音が朝いっぱいに鳴り響くだろう」「ハイウェイのことは忘れてしまおうってわけ？」「きっと私たちは干し藁を敷きつめた牛車の荷台で暮らすことになるだろうね。鮭の梯子を登って、鮮やかなピンクの魚肉をせせるんだ」「何言ってんのか、自分でも分かってないじゃない」私は椅子の背に凭れかかって、皿を拭くジャンボを見つめた。「牛を訓練して協奏曲をハミングさせようじゃないか。何が聴きたい？ベートーベン、チャイコフ、それともサティ？」ジャンボはあからさまな侮蔑の表情を見せた。「サティは協奏曲を書いていないよ」そう言うと、皿拭き布巾をパンと払って肩にかけた。「よし、じゃあ、チャイコフスキーで行こう！」いらいらした調子がカラ元気のなかに混ざってくるのが、自分でも感じられた。ジャンボは皿をみずやの棚に重ねて戻し、果物の皮をコンポストに投げ入れた。「もうすぐ一年だ」歯磨きのチューブを端の端まで絞り尽くしたような、ぐったりした声だった。その時私にいったい何が出来ただろう、牛追いと妻が持ってきてくれるだろう熟したトマトに心を研ぎ澄ますことのほかに、ドア越しに聞こえてくるハイウェイの殺人的な唸りのなかで。

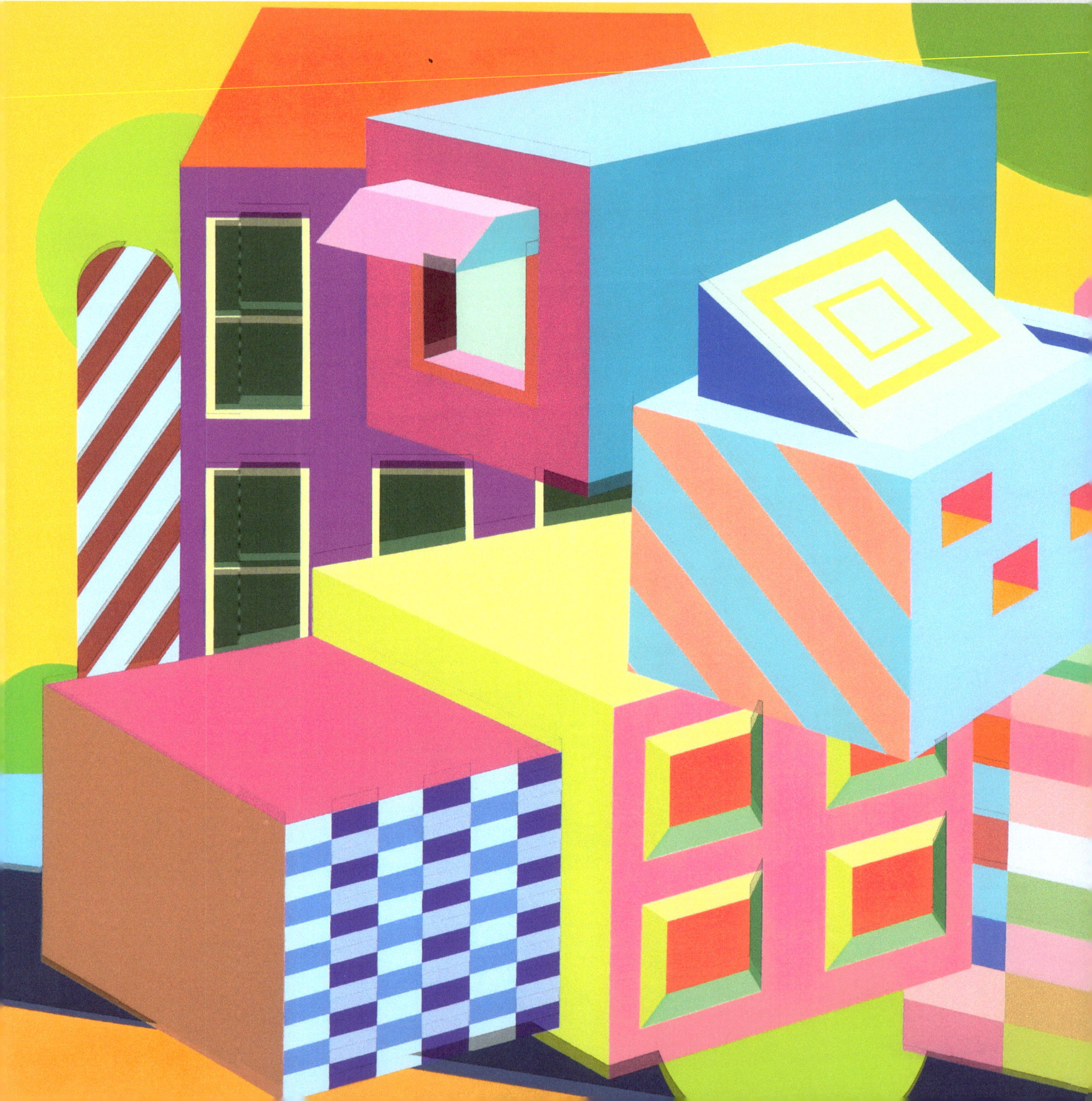

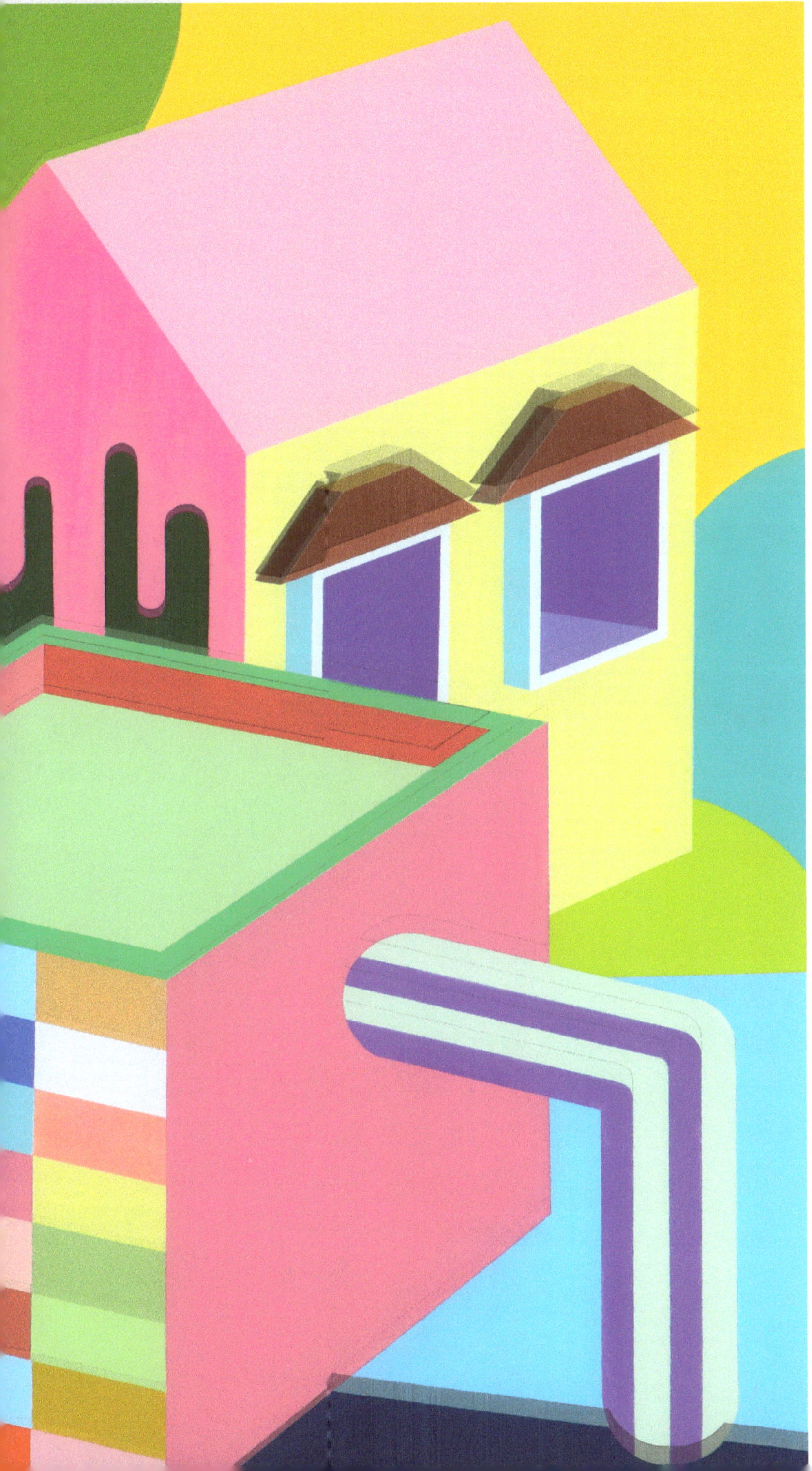

資源のムダ

Wasted resources

ノアは僅かな前金を喉から手が出るほど欲しがっていた。彼が「鰓の再発明」と名づけた新しいプロジェクトはすでに始まっていて、トンネルを煉瓦で塞いだり、港を水で満たすための金を港湾局に払わなければならなかったのだ。彼はハートグの写真を送ってきた。ノアが「仇敵の銭ゲバ」と呼ぶ人物だ。写真の中のハートグはナイトガウン姿で長椅子に座り、テルマという名前の背の高い金髪女の肩にだらんと腕をかけている。そこには何となく下世話で淫らな気配があった。たとえて言えばスワッピングのパーティー会場に掛けられている二人のハンドタオル、みたいな感じだ。ふたりの背後にはパティオとプールがあり、その後ろにはどうやら低賃金の搾取工場とおぼしきものが写っていて、そこに押し込められ扱き使われている難民たちの苦しげな顔も見えるのだった。ノアはそれを評して「奴が暴き出したがっている影の一面、一種の時代精神」と言ったが、私にはそれがプロカメラマンの撮った結婚記念写真だと分かっていた。その裏にノアは長々と書き綴っていた、新保守主義(ネオコン)について、女性蔑視と醜悪なスキャンダル、汚名と資本について。私は白日夢とか、この手の怪しげな話には目がない方だが、ノアの嫉妬は理解できなかった。ノアは本当にテルマを愛していて、自分の空約束で彼女を取り戻せると信じているのだろうか。むしろこれら全てがインチキなのではあるまいか？何年にもわたる資源の無駄、遺伝子の振り合わせ、DNAの乗っ取り、遺伝子組み換えの目眩まし．．．それらはただ昔の女とよりを戻すための下劣な画策に過ぎなかったのではないか。返ってくる見込みはないと分かっていたが、私は金を送った。あんな馬鹿げた企みで彼女の心を取り戻したり、惨めな懐古主義から解き放たれる訳がないのだ。ハートグはもっとしたたかだし、彼の研究は遥かに先を行っている。哀れなノア、情熱と野心の他には何ひとつ持ち合わせていない。封筒を閉じている間、テルマは水から出たり入ったりしながら泳ぎ回っていた。ハートグは利益率と気候変動について語り続けた。私はモヒトのカクテルを啜りながら目を逸らすことができないでいる、テルマのゴージャスな茶色い首から、その鰓の優しげな揺らぎから、そして歌から始まっていつのまにか笑いへと至る、彼女の声のこの世のものとは思えぬ転調から。

この仕事にぴったりな人々

Right people for the job

伯父がビルマから帰ってきた。過去六十年というもの彼に会った者は誰ひとりいなかったが、伯父は一日たりと歳をとったようには見えなかった。母さんはいつも言っていた、伯父は子供の頃からずっと上の空で、ビスケットの最後のかけらはいつもひとりで食べてしまうし、中の仕掛けを知りたがっては母さんのオモチャを壊してしまうようなヒトだったと。「うっとり夢見る大マヌケだよ」母さんは鼻を鳴らした。「あれのなかには悪い骨もないかわりに、知恵だってひとかけらもありゃしないのさ」伯父は王立復活祭ショーの子ども向け動物コーナーで、母を迷子にしたことがあった。白痴めいた薄笑いを浮かべたまま、彼は仔ブタや仔ヒツジの間をすり抜けて消えてしまったのだ。あろうことか、スプリングウッドに辿り着くまで母がいないことに気づかなかったという。おばあちゃんからこっぴどく叱られた伯父が、それから何日か経った後でも、一体どうしてこんなことになったのかと小首を傾げ、狐につままれたような表情を浮かべていたことを母さんはいまだに覚えている。二十一歳になった時、伯父は消えた。母さんは今すっかり取り乱し、家に篭って、花柄の寝着の袖を涙で濡らしている。伯父が一つ歳を取るごとに、母さんは十歳老いてゆくかのようだ。一体どういう了見でこんな風に舞い戻って来るのか、母さんには理解できない。父さんやあのあばずれウェイトレスのことや、遂に境界線が閉ざされることになった時、当時六十歳のおばあちゃんが養子に引き取った子供たちのことなんかを聞いて、今更伯父がびっくりしなくちゃならないのか。伯父は三日間空き部屋に陣取って家族の写真アルバムを捲っていた。彼にとっての「失われた世代」――古い船旅用箪笥のなかで勉強する妹、看護婦として中国へ旅立ってゆく彼女、家の前の車寄せでスポーツカーのエンジン音を響かせるおじいちゃん、結婚式の光景――それがおじいちゃんの最後の写真だった――ベランダでジャックにヘミーペミーを読んでやっているおばあちゃん、ポニーテールならぬピッグテールに後髪を垂らした六歳の私、それから二十三歳の妊婦姿、中近東湾岸でトロール船に乗っているジャック――陽に灼けてまるでなめし革みたい――、私の子供たちの子守をする父さん、代わりばんこに大きくなってゆくジェイミーとジョー、十八歳で入隊するジョー、トンと出会ったころのジェイミー――、去年の夏前庭のスプリンクラーの下で踊っている幼いスー。三日目、あの無意味な薄ら笑いを浮かべて、みっともないくらいでっかい頭を振りながら伯父は出て行った。私が台所に置いていた買物リストに、こんな殴り書きを残して。「俺たちは決して降参しない。愛をこめて、テオより」でもそうは行くものか。今度こそ私たちは伯父を捕まえてみせる。もう手配は出来ている。作戦を練り、当局にも連絡を入れた。この仕事にぴったりな人々だってちゃんと見つけてあるのだ。

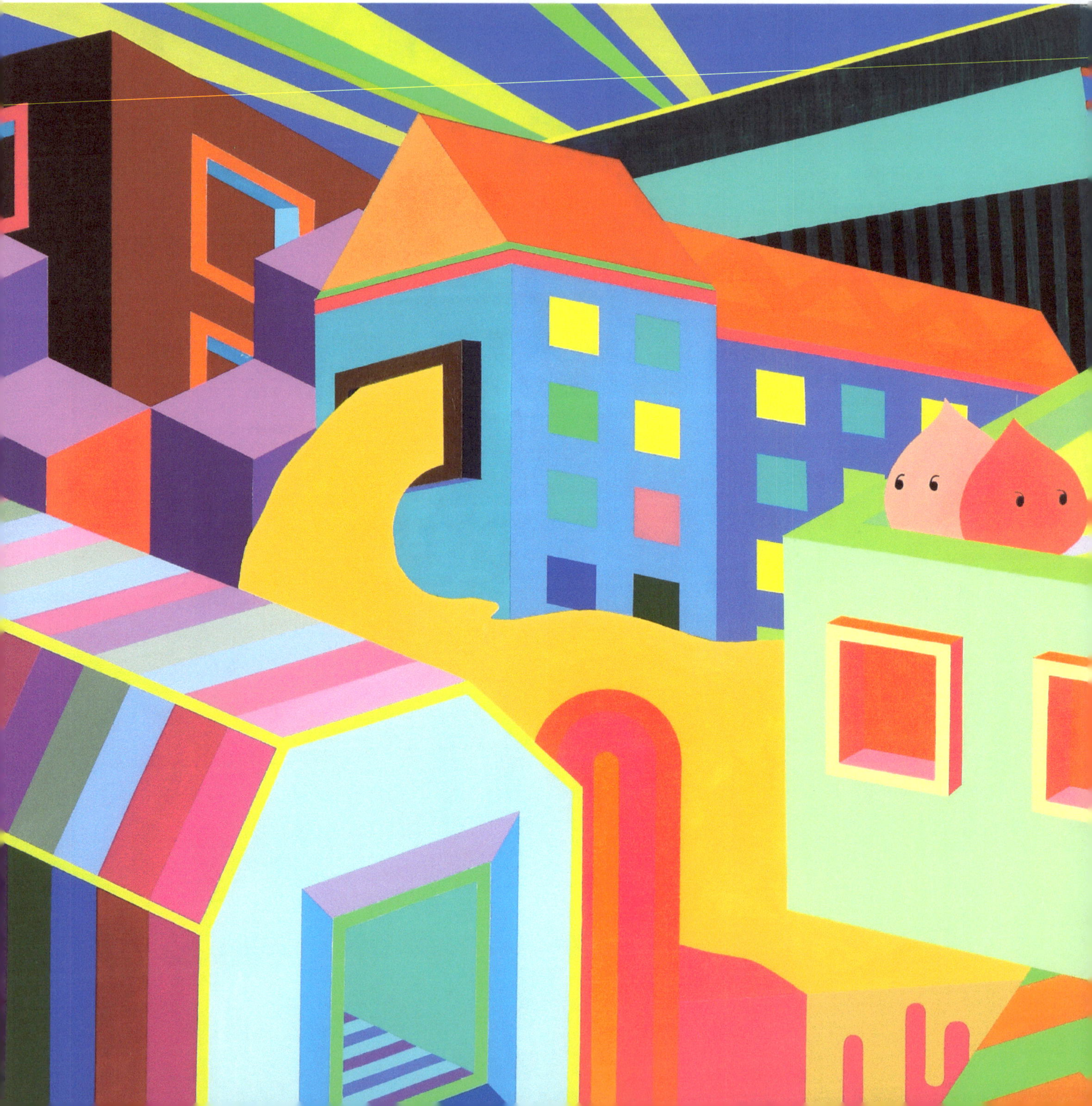

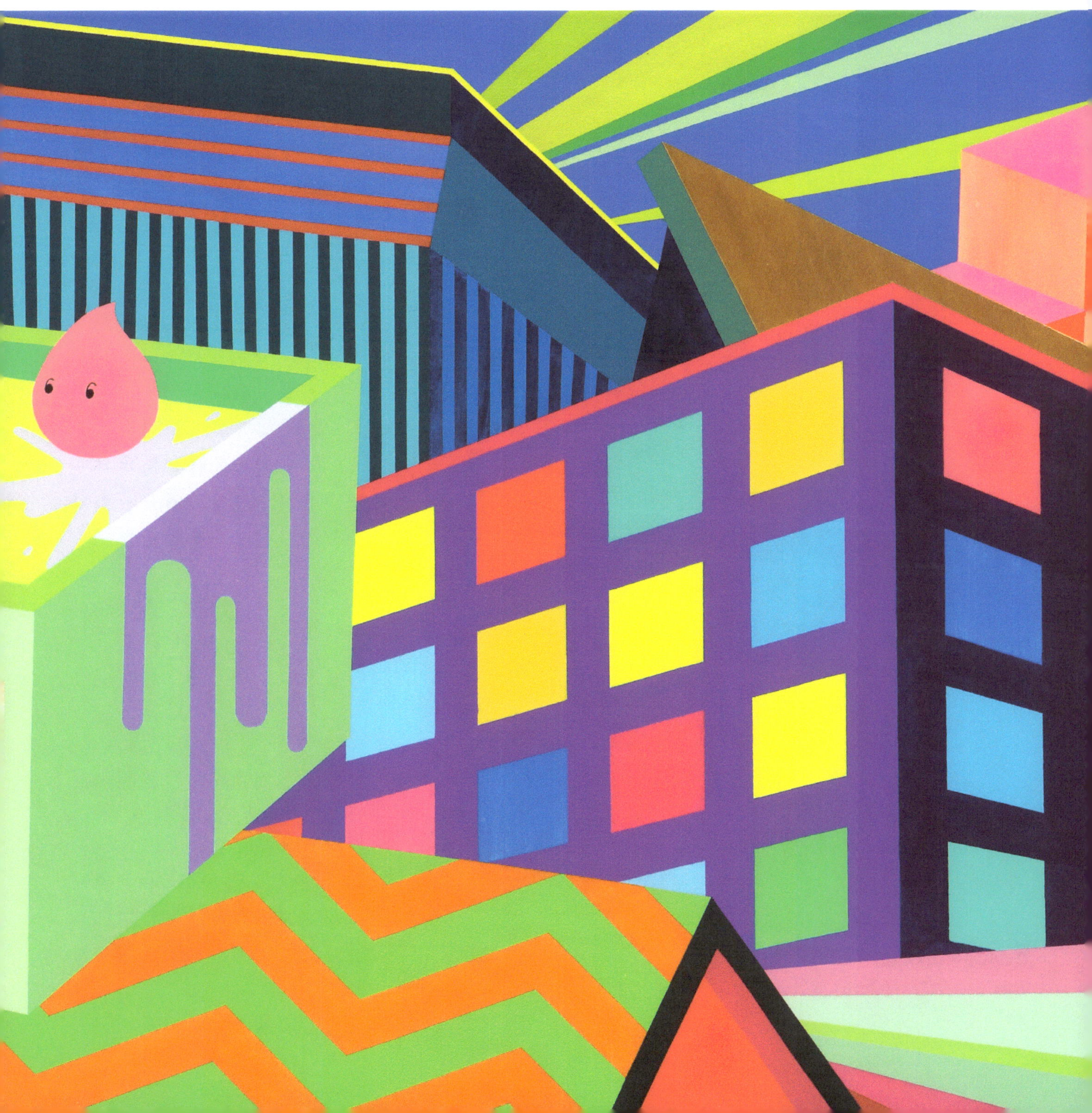

敗残兵

Lost soldier

川床は近所の家のペットたちの骨で埋まっていた。犬、猫、ネズミ、あらゆる種類の動物の骨だ。ミスター・パーキンズの薄汚れたあばら骨まであった。例のアイルランド人の双子が廃馬屠殺場から救い出して、十階にある自宅の居間で飼っていた老いぼれ馬だ。ふたりはミスター・パーキンズをエレベーターで降ろしては、セブンマイルビーチまで乗馬に出かけたものだった。いつ頃から骨が集まり出したのか、誰も覚えていなかった。最後に雨が降った後からだろうと言う者もいたが、それがいつだったかを覚えているものもいなかった。もはや空から水が落ちてくるということ自体が、ひどく馬鹿げたことのように思われるのだった。元いかず後家のメイビスは、この前の雨期を撮ったビデオを持っていると言いふらしていたが、ジョーイーによれば男をたらしこむための囮に過ぎなかったそうだ。ある日の午後、僕たちはアホのティミーを堤防から引きずり降ろして骨の上へと突き出した。あいつのぶきっちょなデカ足が踏みつけるごとに、足元から花火みたいな音が弾け、白い煙が立ち昇った。ティミーは悲鳴を上げ続けていたが、やがて大昔に可愛がられて迷子になったと思しき畸形の小動物の、捻じ曲がった背骨を手にして戻って来た。僕はふと昔読んだ本のことを思い出した。いつかどこかで戦争があったとき、捕まえた捕虜の生皮を剥がして尋問したという話だ。その川べりを見ていると、町のどこかにひとりの敗残兵がいて、なにかの箸を探しているんじゃないかと思えてきた。きっとブローディの家の下にでも隠れ住んでいるんじゃないかな。あいつの母さんが、洋裁用の人形や行方不明になった子供のアルバムなんかを仕舞いこんでいるあの地下室に。

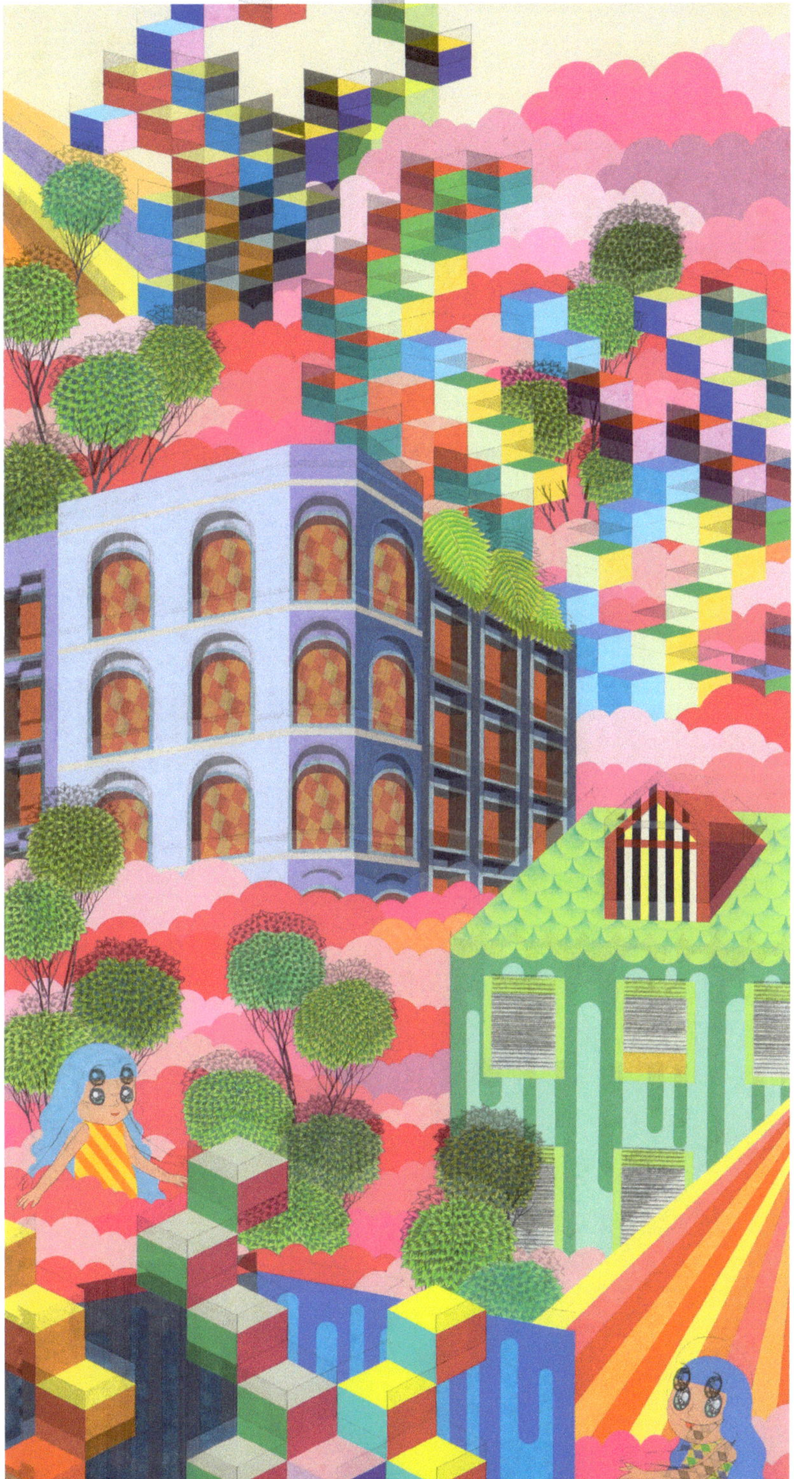

画家に語りかけるジョージア
Georgia talks to a painter

霊魂（スピリット）の軌跡を正確に捉えるなんて、絵筆の先であれ言葉の上であれ、到底無理な話だわ、そこには決して光が降らないということを思い知らされるだけ。イメージの波があなたを満たして、たとえそれがあなたの望むところではないとしても、もう描くほかに術がなくなる、あなたのなかにあるこの国を。あるときは赤い土埃が、今は花崗岩がすべてを覆い、あなたの足の下にはひとつの島、あなたが到着する何百万年も前に消えていった海洋の下で冷やされた水晶と長石がある。遥かな地平に滲むワトルの木々のギザギザ、モクマオウの木のいびつな憂鬱、だらりと腕を垂らした人間そっくり、残酷な光を浴びているけれど、その光の本質はあなたの国の言葉では言い表せないの。突風が黄色い砂を掻き集める、緩慢な浸食、前景はない、背景もない、ヤドリギ、チェリーバラート、目の前の岩が光を湛えて歌っている、ここでは何もかもが歌うのよ、沈黙ですら、あなたがその中心へ到りたいと願う沈黙。だからあなたは十枚のカンバスを同時に埋めてゆく、でもそこに焦点はないし、時を洗い流し日長変化する平面を記録し意味を確かめるための聖堂もない。ただ風と砂埃と岩と、半ば響き半ば絶えた歌と、地図の上に散らばる忘れられた名前から成る世界があるだけ。別の何処かという概念をあなたは棄ててしまう、さもなくばあなた自身が風景画のなかの人影になってしまうだろう、前方に腕を伸ばし、額縁の外側にあるはずの絵画的主題を指差す人影に。けれど遠近法はもう歪んでいる、新しいエデンの園、掠奪される運命にある古代のアルカディア、回収され命名され組み立てられるべくここへ運ばれてきた空虚な嘘のせいで。あなたの眼は低木を追う、慰み細工で地平を飾るリボンガムやイエローガムのユーカリ。レッドガムのユーカリは縦一直線を引いている、まるで一生かかってただ一つの言葉を発しようと練習したあげく、その成果にはのろのろと近づいてゆくほかにないことを知らされた男のような垂直線を。溶岩と玄武岩を越えてゆくうちに、時間はあなたを剥き出しにする、土地を暴きだす。光の特性として、あなたが抽き出すことが出来るのはあなた自身でも場所でも瞬間でもなく、むしろ徴によって語られるもの。より大きな全にして一なる広漠さのなかに、沈んだ色調の平板な空間に遺された傷痕によって語られるすべてのものだ。静けさのなかで地平線という幻想が消し去られ、死を撥ねつけようとするかのように皮膚が剥げ落ちる。肉が陽に晒され、時が己れに沿って弧を描く、脱け殻。あなたは光の舌で見つめている、眼で聴いている、雑草とモウセンゴケのなかで霊魂(スピリット)を掘り返す、あるいは愛を。空のない光の漆喰のなかで、あなたはその国について学ぶ。その国があなたを喋るように、その国をあなたが喋る。

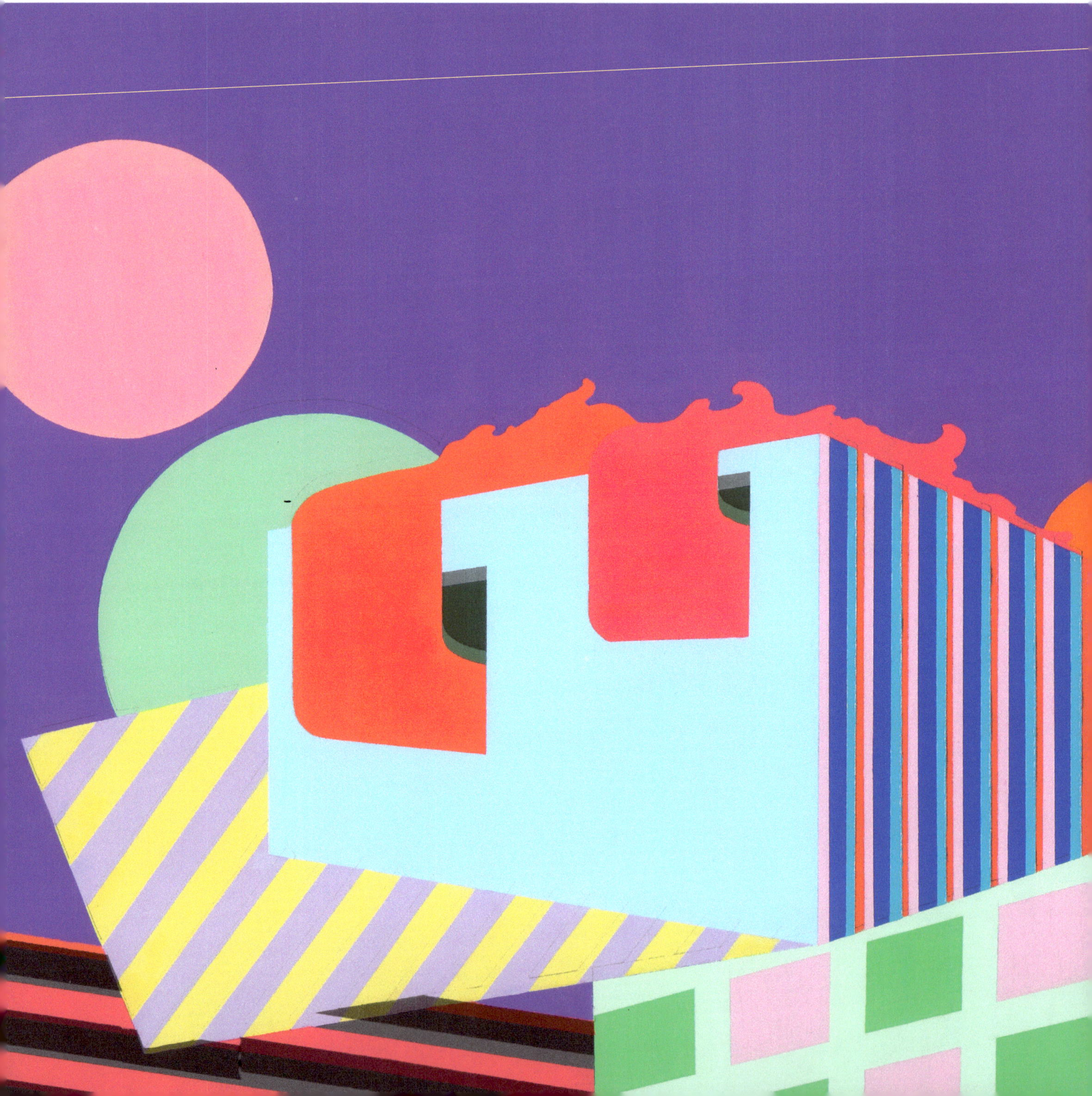

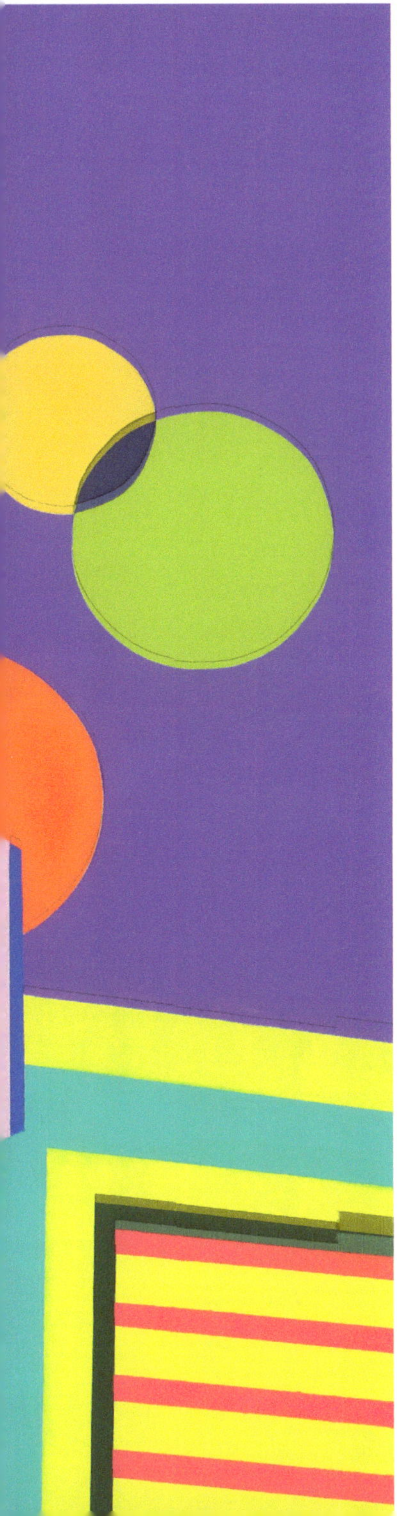

流されて

Cast away

君は瓶詰めされたメッセージ、四十年前今ではもう誰も見向きもしなくなった国で起こった大火災が鎮まりかけてきた頃、海の沖へ放り出された。君を取り囲むこの海に漂いながら、思いは遥かを駆け巡る。空と海、その中間にまだ誰も読んだことのないメッセージを携えた君。非情な話だ、君が眼を醒ましたとき、ミステリーはもはや半ば進行していたのだから。だがたとえ事の発端が分かったところで、やっぱり謎は残るんじゃないかと君は思っている。そして今では何となく悟ってもいるのだ、あり余るこの静けさの中で幾度となく想像してきた恐怖とは裏腹に、実際の結末はあっけないものだろうと。とは言え、空は広大無辺で海は深く、未だ語られぬことの内側であるここは暖かい。君が書きつけられた際のあの慌ただしさ、君を波打ち際へと送り出したあの壮大な惰性の弧線、そして見渡す限りの沖合いへと向っていった日々を振り返ると、君は思わず涙ぐんでしまう、過ぎ去ったすべての出来事とその引き金となったあの希望が胸に迫って。夜、星影の下で波に揺られていると、当時の記憶が蘇ってくる、君がまだばらばらで海岸に散らばっていたこと、それを彼女の手が素早く走り書きして君を誕生させたこと、遠さを引き裂く遠くの銃声、燃え上がる建物にあかあかと照らされた夜空と次第に近づいてくる荒々しい人声、そして彼女は君をガラスの独房に詰めて旅立たせたのだった。ここから出られることは遂にないだろう。だから君はただひとり思い巡らせるばかりだ、自分が運んでいるのは一体なんの証言なのかと。糾弾？ 慈悲を求める嘆願？あるいは遺書？それともひょっとして最後の瀬戸際の、ラブレター？

夏の始めのアリバイ

Alibi at the start of summer

後ずさりながら、波しぶきは細かな灰と降りそそぎ、街は顔を背ける。波を運んできた　は、西風とぶつかってその息の根を絶やす。西風は潅木を燃やしながら肥大した郊外の周縁部を刈り込んできたのだ。その郊外でアリバイ・ウェンズデーは手放してしまう、あれやこれやを理解したいと願う気持ちを。ジャンボは何マイルも離れた場所で父さんの世話をしている。彼の独り言は、不幸を生き延びて前へ進んでゆくためのエンジン音だ。アリバイは何年にも亘って溜めこんできた、あそこで、空腹を、半ば上の空の痛みを、接着剤を吸いこんで頭くらくら、男の子たちとの野蛮ないちゃいちゃ、数え上げてきた、恨みつらみ、忘恩の瞬間、礼儀作法の一般的欠如、塩まみれの波頭と肉体のかけら、化け物じみた風の真似をする波と季節の変化を、アリバイは掻き集めていた、炎の輝きがどっちに向かって走り出すか見定めながら。十五年に亘る生涯。深く吸いこんだら窒息してしまうだろう、だから彼女は吠えかかり襲いかかることを学んだ。まるで自分自身が街と化してしまったかのようだ、海に追い詰められて、夕暮れに垂れこめられて、もう一度振り返って、跳ね回る岬の手足、名前を舐めながらアリバイは新聞紙を炎の渦巻きに捻り上げる、それをユーカリの木の剥き出しの肌に押しつける、伸び放題の下草の先に、からからに乾いたバンクシアの樹に押しあてる、そしてめらめら瞬く無思考を白日の炎へと翻訳する、眼の前で荒々しく燃え盛る炎へと。

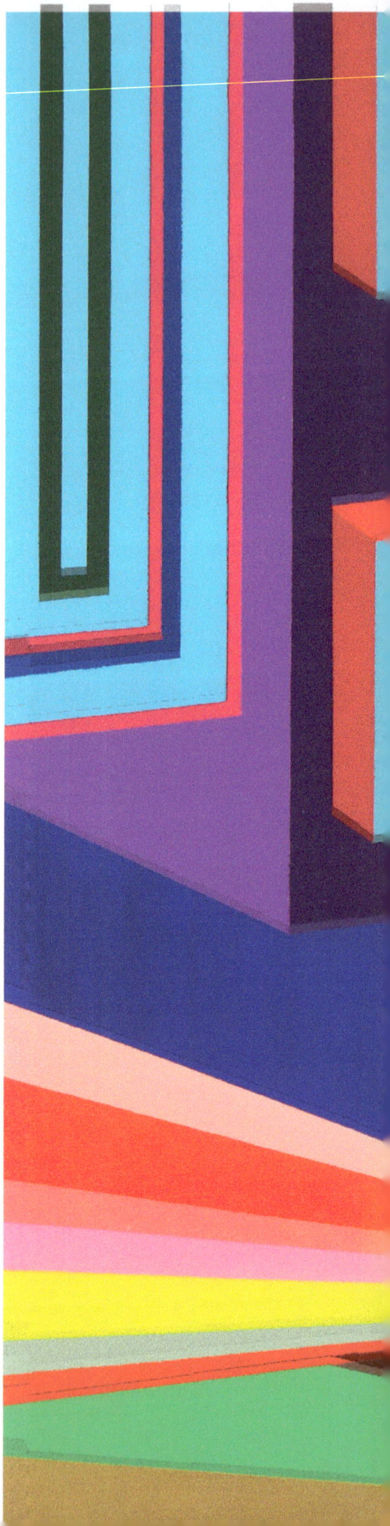

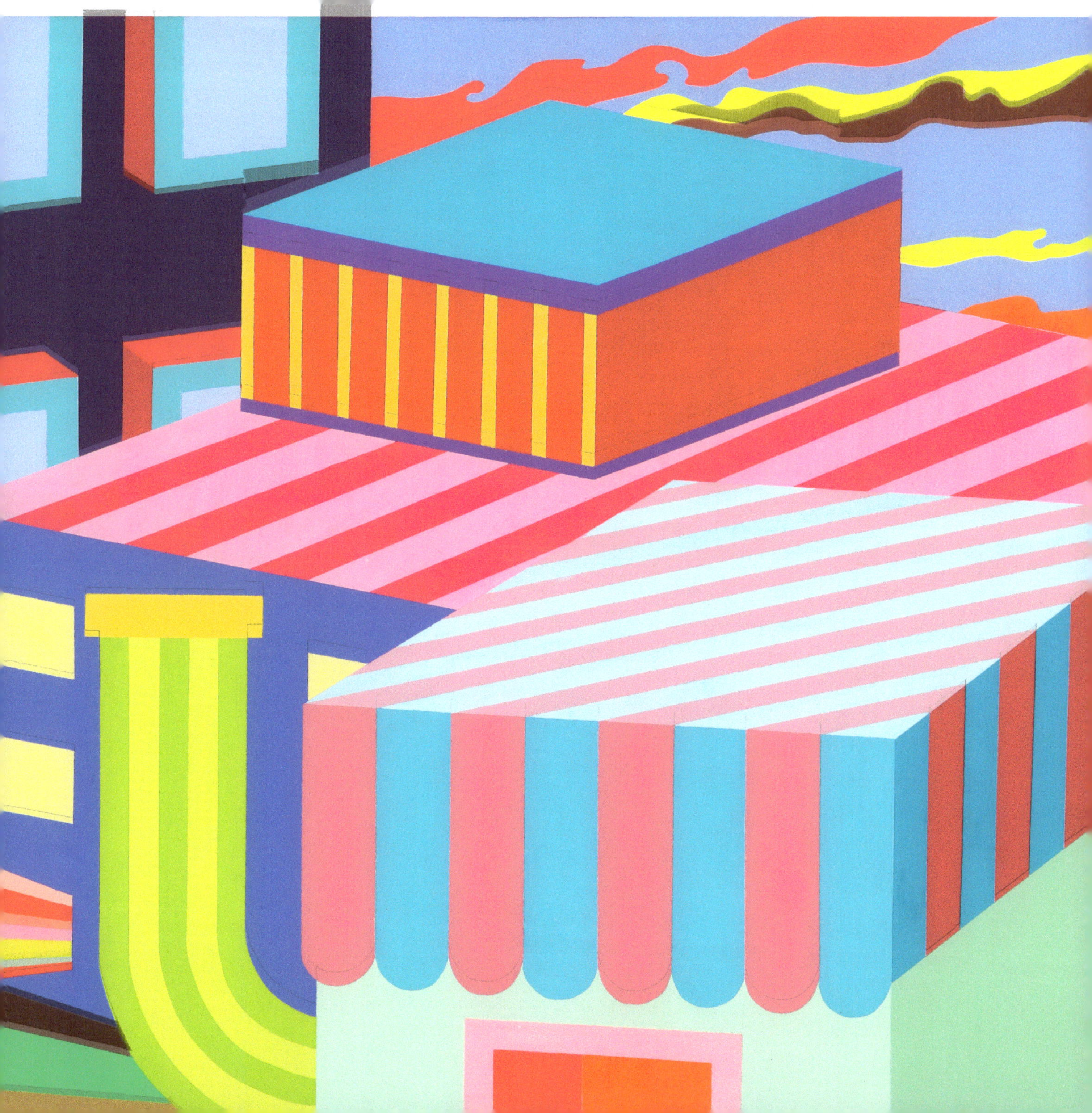

前世

Former lives

私が車椅子を押して庭へ連れ出したとき、教授はぼそっと呟いた、以前アリストテレスと会ったことがあると。アリストテレスはイエスのアホと違ってワインの一杯やそこらでベラベラ無駄口を叩いたりしなかったと。二人は一九八〇年代にベイルートの海辺で会ったのだそうだ。今にして思えば、二人は互いにスパイで、情報を交換していたのかもしれないと教授は言った。いや、もしかしたら、スパイだったのは自分だけで、だから結局私たちは上手くいかなかったのかもしれんな。あの頃は何でもありだったさ、今じゃケツを蹴飛ばすに値する輩はほとんどいなくなってしまったが。その後夕暮れは静かに過ぎて行った、満ちゆく月とジャスミンの朧な香りに伴われて。

意図的盲目

Willful Blindness

「俺だったらそれを取り替えたりしないな」、俺からタイヤ交換用のレバーを受け取りながらテオは云った。俺の頭の中は例によってスウェーデンの景色の連なりだった。真っ平らな地平線、裸の樹木、骨に染み入る寒さ。困難に突き当たったとき、俺の頭はひとりでに滑りだして行くのだった。その行く先はゆっくりと開いてゆく女の股か、でなけりゃ荒野、俺には選ぶ術がない。連結されたトレーラーの一群が赤土と砂利の煙を巻き上げながら俺たちの脇を掠めていった。ちらっと運転手とアボリジンの子供の暗い顔が見えた。事の真相なんて誰にも分かりやしない、観光客相手のパンフレットじゃないんだから。「俺だったらそれを取り替えたりしないな」テオはもう一度そう言った。タイヤは元通りに付けられていた。一体「それ」って何なのか、ましてそれを何と取り替えようと言うのか、俺には見当がつかなかったし、テオ本人にだって分かってるかどうだか怪しいものだった。俺は傾いた小舟に乗り込んで櫂をオール受けに入れた。櫂はしっかり留められた。北極の薄い大気へ漕ぎ出してゆく、蒼ざめた水の上、何エーカーもの空っぽな空の下で、浮氷砕きつつ。

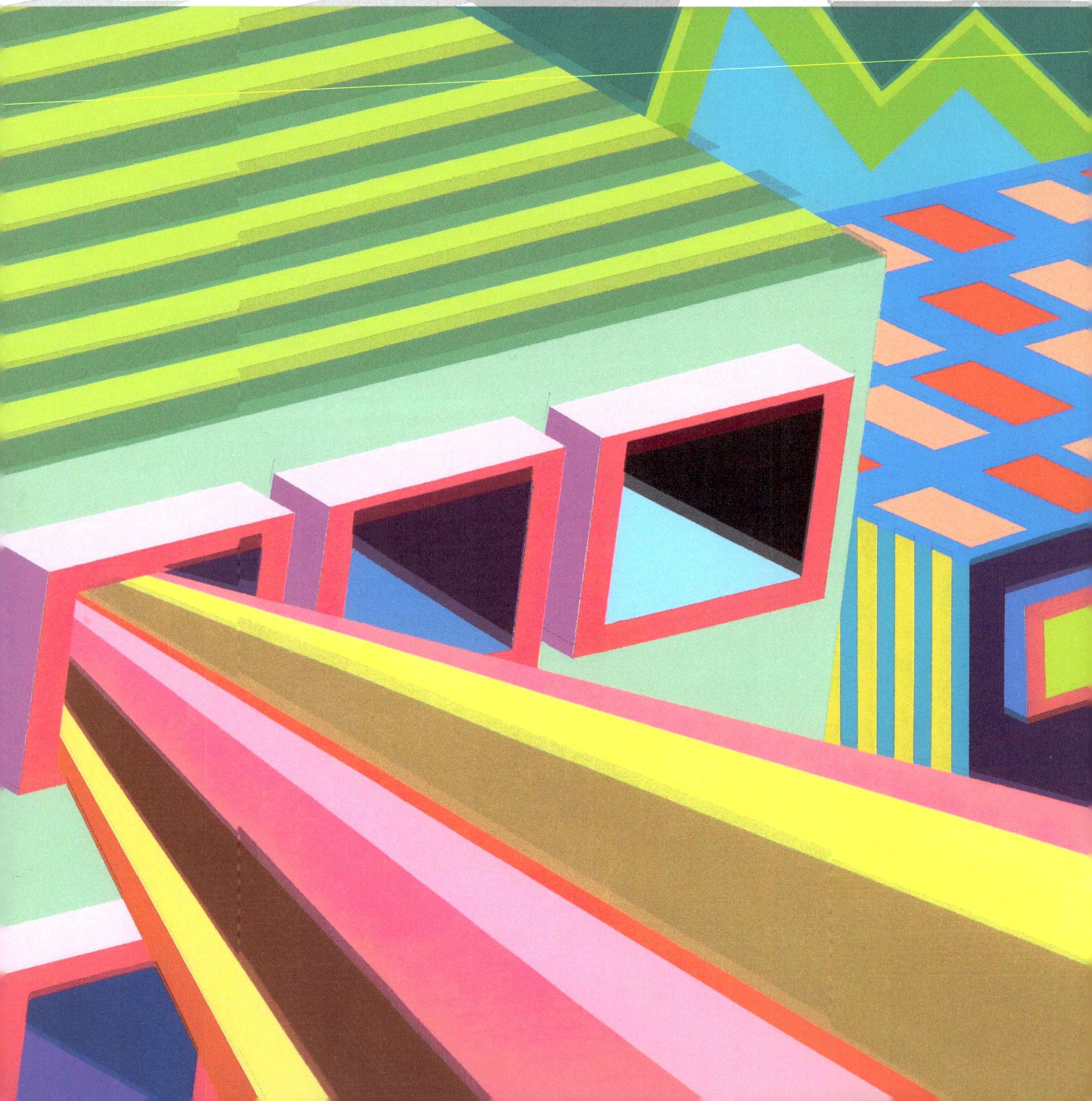

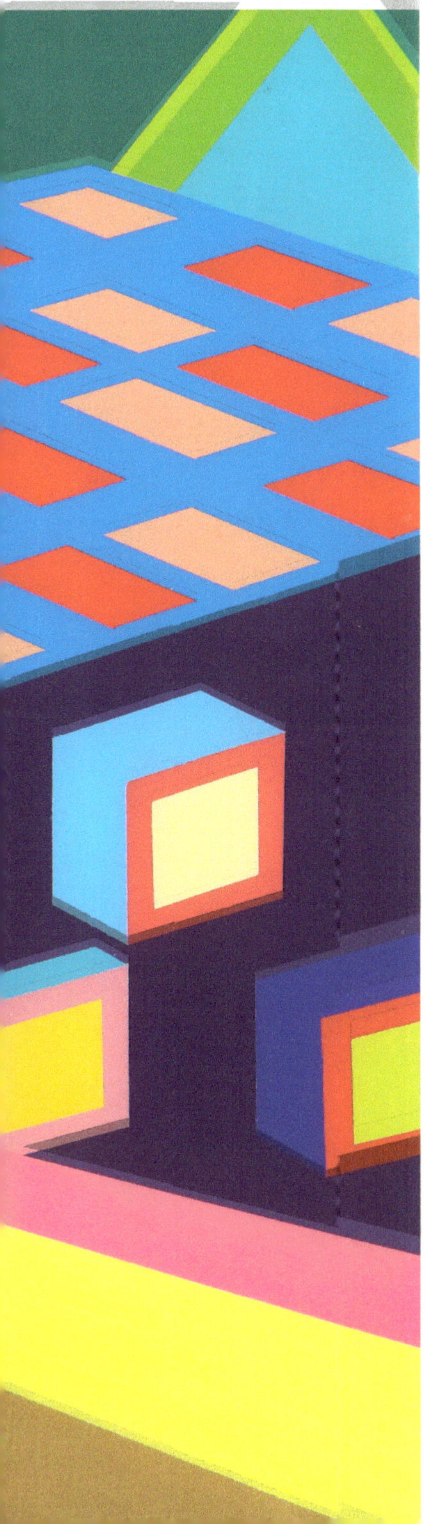

恒星の日々

Sidereal days

毎朝それは聞こえた。サイレンが町の端まで鳴り渡り、何もかも大丈夫だと語りかけた。それは郊外の彼方から、眠りの大陸を横切り、地中に折り重なる時間の層に沿って聴こえてくるように僕には思えた。ちょうど平均太陽時間の、秒と秒の狭間をくぐり抜けて、確実にここへ辿り着く光のように。一見それは揺らぎなかった。毎日同じことを、同じ言葉使いと、同じ熱心さで語りかけるのだった。信頼のおける抑制のとれた口調と首尾一貫した論旨のもと、それは毎朝こう語りかけた。「きっと大丈夫。きっと大丈夫。きっと大丈夫」最初は誰か別の声だった。女の人の、物静かで改まった感じの声、それでいて川底の石みたいに断固たる決意を秘めている気配。だがそのうち父さんの声のようにも思えてきた、遠く離れた部屋から、けれど僕の耳に届くことを意識して、わざと漏れ聞こえてくる声だ。「きっと大丈夫。きっと大丈夫。きっと大丈夫」そのあと、彼女の声になった。内側からやすやすと僕を目覚めさせてくれる歌、僕のなかで何度も繰り返し歌われ、夜ごと朝ごと、まるで太陽のように揺るぎない位置を占める、神秘と永遠。でもそれも長続きはしなかった。今や声は僕自身のものなのだった。自分に向かって、「きっと大丈夫。きっと大丈夫。きっと大丈夫」ちょっと押し付けがましい感じだ。ともあれ声はふたたび始まった。毎朝、いつのまに録音されたのか僕自身の声が、街路をすいすい駆け抜けてゆくワゴン車から放送され、町中に約束してみせるのだった。でも何かが決定的に間違っている、それは明らかだった。僕は夜通し起きて、語りかけが始まるのを待つことにした。まるで何年も過ごしたかのような気持ちで、あの変わらぬ抑揚と共に一日の始まりを迎えるようになった。そして僕は発見した、声の開始がほんの少し早すぎたり、逆にほんの少し遅すぎたりし始めていることに。急におどおどしたり、やたら空元気を振りまいたり、 声は自信を失いつつあった。それはほんの数秒、太陽系時間における数秒の出来事に過ぎなかったが、声が約束したことの信憑性を根底から覆すには充分だった。僕は今でも声の開始時刻に関する詳細なデータを付け続けている。機材だって揃っている。表だって作っている。毎朝やってくる音波のうねりを、太陽の位置と星々の位置に照らし合わせて計測していると、僕には事の真相が見えてくる。最初から薄々勘づいていたことが何だったのか、今やはっきりと分かってくる。きっと大丈夫、その通りさ、きっと大丈夫だ。あいつらが自分の図表と自分のしかめ面と自分の心臓の痛みを抱えてやって来る時には、僕にも準備ができている筈だ。言うべきこと、あいつらに語るべきことは、そのとき自ずと僕の心に浮かぶだろう。

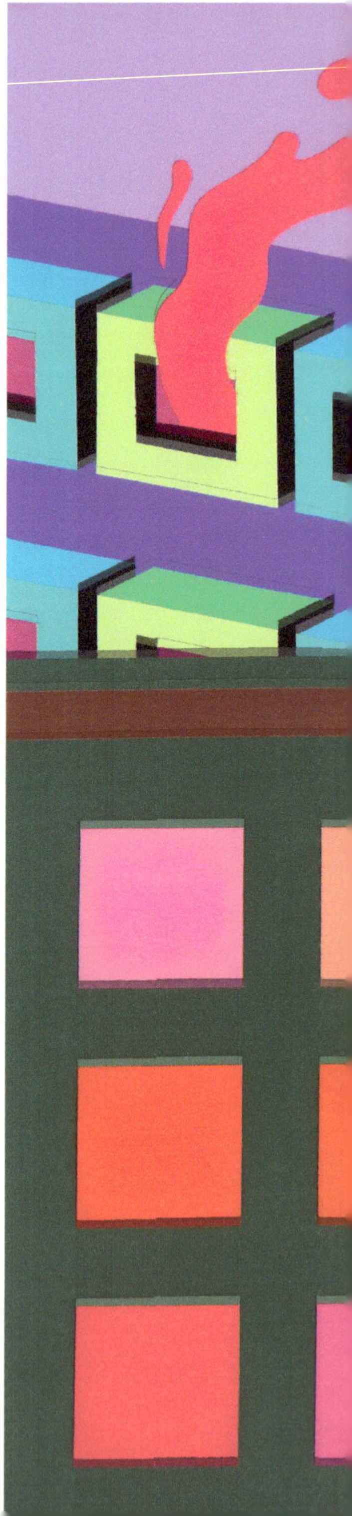

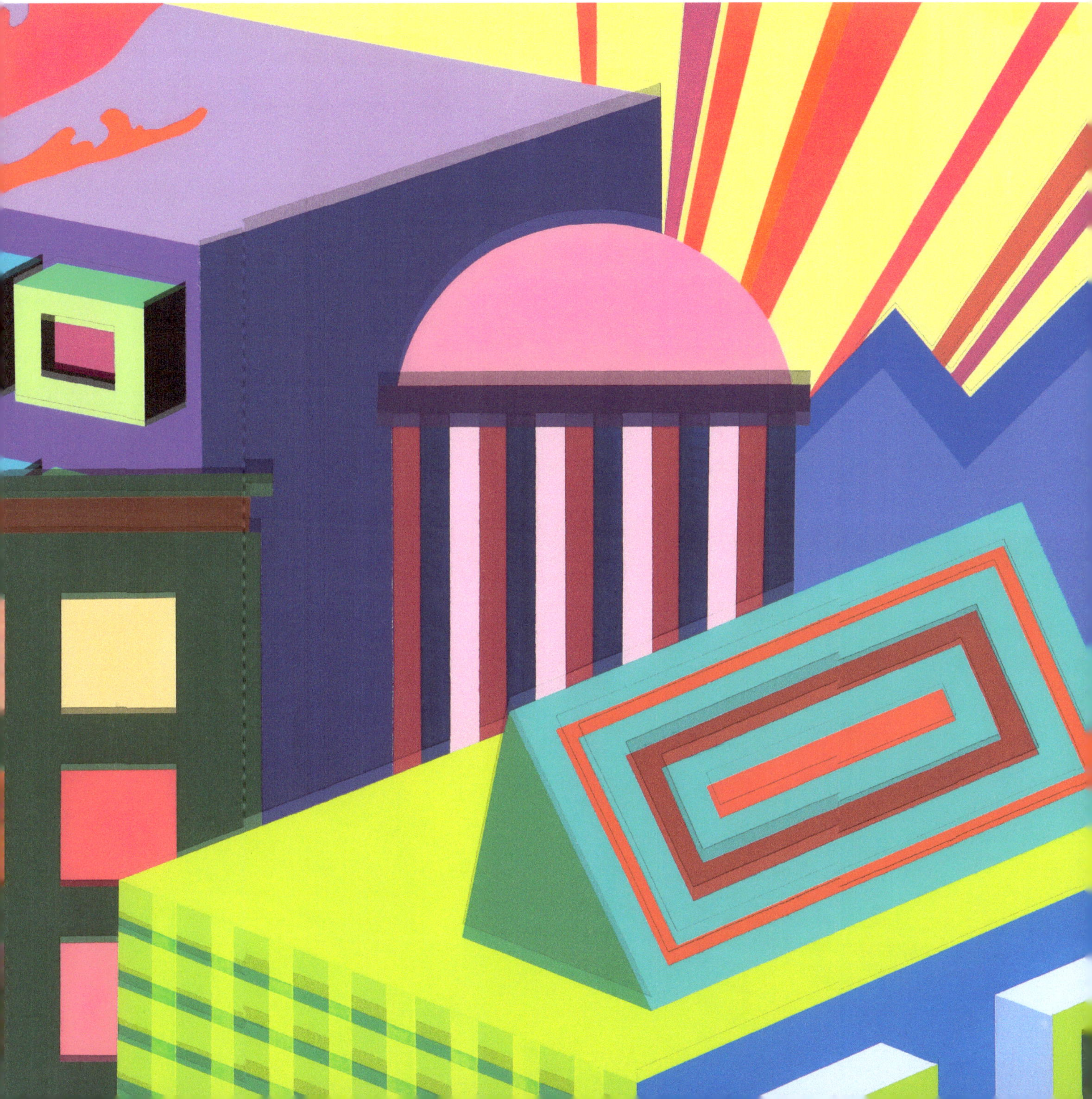

相棒

Sidekick

彼はますます壁に執着し始めた、そのそれぞれの身の上話に。毎日ひとつ壁を選んでは、それが内に何を抱え、外に何を閉め出しているのか尋ねるのだった。ほとんどの場合、壁たちはだんまりを決め込んでいたが、それなりに愛嬌があり、たまには色気を感じさせることすらあったので、彼は調子にのって、騒々しい夏空と悪玉善玉のコンビを組んで尋問を続けるのだった。一方、夏空には夏空で、どうしても壁たちを白状させなければならない、彼女なりの事情があるらしかった。

人間、もどき

Human, perhaps

君は国境に辿り着く、手にはブリーフケース、頭には山高帽、誰かがマジックで書きつけたギザギザ線に君はじっと目を凝らす。国境警察官はなにやら方言でぶつくさ言ってる。切ったばかりのドリアンの重さを測ってる奴がいる。一匹の野良犬が自分の睾丸を舐め、十一月の強烈な陽射しのなかで伸びをする。君はあばら骨の浮き出た犬の胸の、六つ並んだ桃色乳首の不思議議にも目を見張る。君はこれまで練習を積んできた、君をいかにもそれらしく、人間、あるいはそれもどきに見せるための仕草。だが君の皮一枚下には、獣の肉体、筋肉と血と骨と飢え、そしてそれらを取り巻く醒めた忘却がある。白色ノイズが君の眼球を内側から温め、どこからともなく、決して君が見ることのないあの顔が現れる。その時太ったやつが欠伸しはじめる、と思う間もなく、君自身もまた。君には分かっている、明日へと染み込んでゆくのは自分だけではないと。パスポートは前の町で引き裂いてしまった。連中は君に告げる、次に引き裂かれるのはお前自身の眼玉だと。

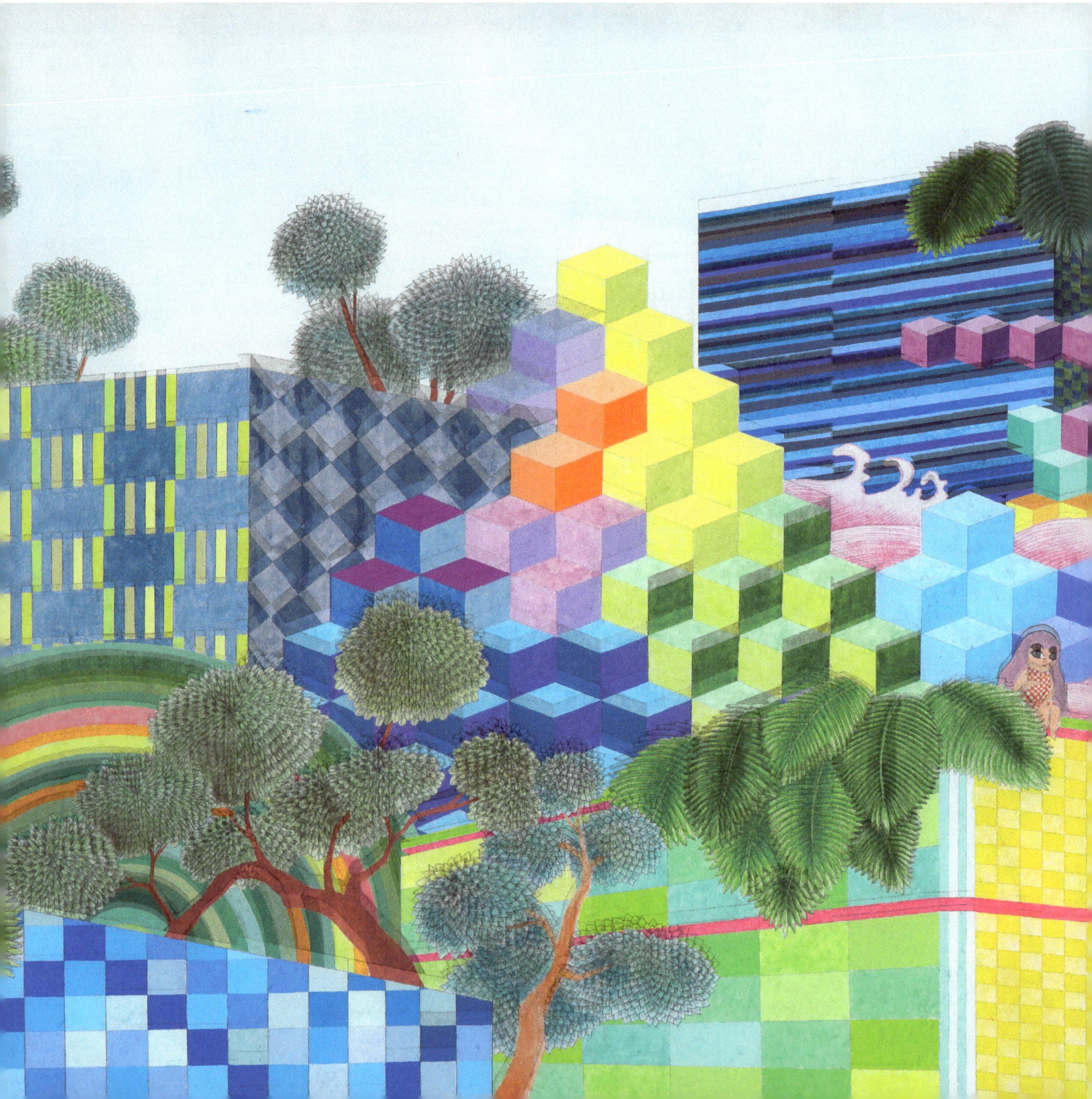

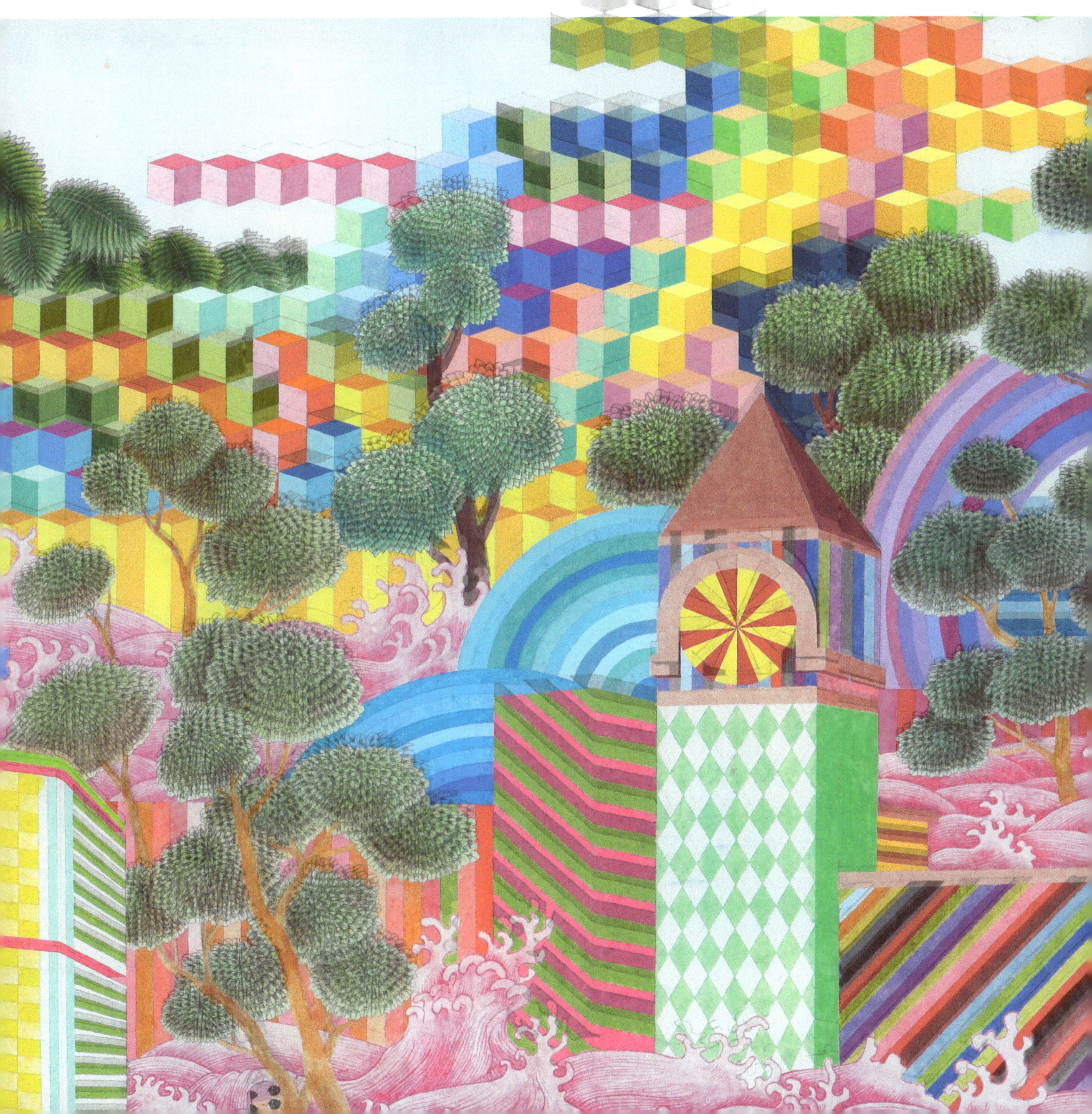

アジト

Bolthole

最後のダライ・ラマと出くわすまでは、ブロディは順風満帆だった。楽観的に考えるなら休戦もあり得ただろう。だがブローディという男はシドニー流の「コップが半分割れている」タイプの男だった。愛嬌のある開けっぴろげな顔、限りなく天真爛漫で、それでいて汗くさいヤクザな魅力、暴力の気配がセックスのそれと混ざり合っていた。チンピラに過ぎなかったが、そこには彼なりの覚悟というか、考えがあってのようで、ある種の求道心と、事態を収集し、失敗の苦さを再検討するだけの根性があった。無邪気さも時には人を殺めることがある、結局のところ、どんな共同体にも生贄となる仔羊が必要なのだから。騒動の発端は誤訳にあった。翻訳者のジョナスはダボスからの脱落者で、呪縛からは解かれたものの、茫然自失の態で、半ば精神に異常をきたしていた。誘拐したあと彼は何日にもわたって彼らをそのレトリックで拷問したと言う。彼が言語の発話行為依存的直示性を完璧に把握していたこと、そして魅惑的な舌縺れだったということに対する恨みから生じた話だと彼らは言う。ハートグがグーグル・アースを使って彼らの居場所を小さな掘っ立て小屋に突き止めたとき、ブローディと翻訳者はふたりとも精神的外傷を負わされ、虐待され、打ちのめされた挙句、互いから引き離すことができなかったそうだ。だがその後は万事丸く収まった。誰もが祝福を受け、因果応報にも、目減りしてゆく利益に関するドタバタにも、事欠きはしなかった。

郊外電車を想うアリバイ

Alibi considers the suburban line

あたしの父さんは会計士だったのでもそれから郊外に住む弁護士になって自分がアラスカの熊猟師だって夢見ていたの。毎朝父さんは同じ時間に同じ電車に乗って出かけてゆく。あの赤い電車に揺られて。街に着くまで通過する郊外の駅の名前をくる日もくる日も死ぬまでずっと繰り返してる。二階席に座って、不精髭をお日様で暖めながら、父さんは網や罠を繕い、ベレッタ303型の散弾銃に油を差すの。ほかの乗客たちはそんな父さんを口々に褒め囃すんだ。中央駅で電車を降りたら、歩行者用地下道をぐんぐん大股で抜けて登山口まで歩いてゆく。そこから先、道は熊の棲む山の方へと曲がってゆくのよ。あるとき父さんはほんの一回道を間違えただけなのに、どつぼに嵌って、何日もサバンナのなかをさまよう羽目になったんだって。家に帰ってきたときは陽に灼けてがくがく震えてたんだって。ライオンはね、一日のうち二十三時間を寝て過ごすんだ、だから血に餓え腹をすかして生きているのはほんの束の間なんだよって、父さんはあたしに教えてくれた。「見事な種族だよ」父さんはこう言ったの、「でもね、我が子よ、私にはむしろ大きな黒熊の深い冬の眠りと、その後に続く長い夏の日々を与えておくれ」

オートエスノグラフィック

Autoethnographic

それでも常に何かが、背後のどこか、大いなる忘却の彼方へ欠落してしまっているという感覚が、僕らを離れることはなかった。さらに悪いことに、なにひとつ欠けてはいないと僕らが互いに信じ込ませることのできる瞬間は、どんどん少なくそして疎らになってゆくのだった。忍び寄る精神の大海にあっけなく押し流されてしてしまう、日替わりメニューのエピソード。あとに残るは廃品置場、難破船、舌の先に積み上げられた六台の自動車ばかりで、取りつく島もないものだった。ジョージアは言った、あたしたちは決して放送されることのない連続テレビドラマの試作品の登場人物なんじゃないかしら。コマーシャルが終わるたびに僕らのなかの誰かが一人ずつ消されてゆくのだ、それも皆んなの一番あとからよたよたついて行く弱い者から順番に。胸ポケットに何本ものペンを挿して割れたメガネをかけた汗っかきの会計士だとか、アディダスのスカートと洒落たサンダルを履いたチアリーダーだとか。あたりには落し穴や、棘のついた鉄球や、熊用の罠や、藪の中からいきなり伸びてくる胴体のない腕や、退屈なくらいきれいで豊かなうっそうたる森の奥から浮び上がる汗ばんだフードに包まれた顔やなんかが、次々と仕掛けられている。夜になると耳元でくぐもった息遣いや、猟師の押し殺した足音や、自分たちにしか分からない言葉で何やら企む低い声が聴こえる。そこは人食い人種どもの森であり、生贄にされた人間と自爆者とテロリストと女装癖のあるヤクザなフリークどもが蔓延しているのだ。毎朝僕らは点呼をとって、ふたりともまだここにいることを確かめたが、日々は単なる繰り返しに過ぎなくなり、虚しい約束ばかりが溢れかえっていた。海岸は次の丘を越えたらすぐに見えるはずだ、そこには友好的な地元民らが待っていて、土地の珍味のあれこれや太古から伝わる村の教えを披露してくれるだろう、それから僕らの駐車場券にハンコを押して安全なショッピングモールへと誘導してくれるのだ。でもジョージアは頑なに言い張った、連続ドラマはいつも危機一髪というところでおわってまた来週、決して最後まで辿り着くことはないのだと。ひたすら怯えて互いの顔を覗きこみながら、僕らはにっちもさっちも動けなかった。

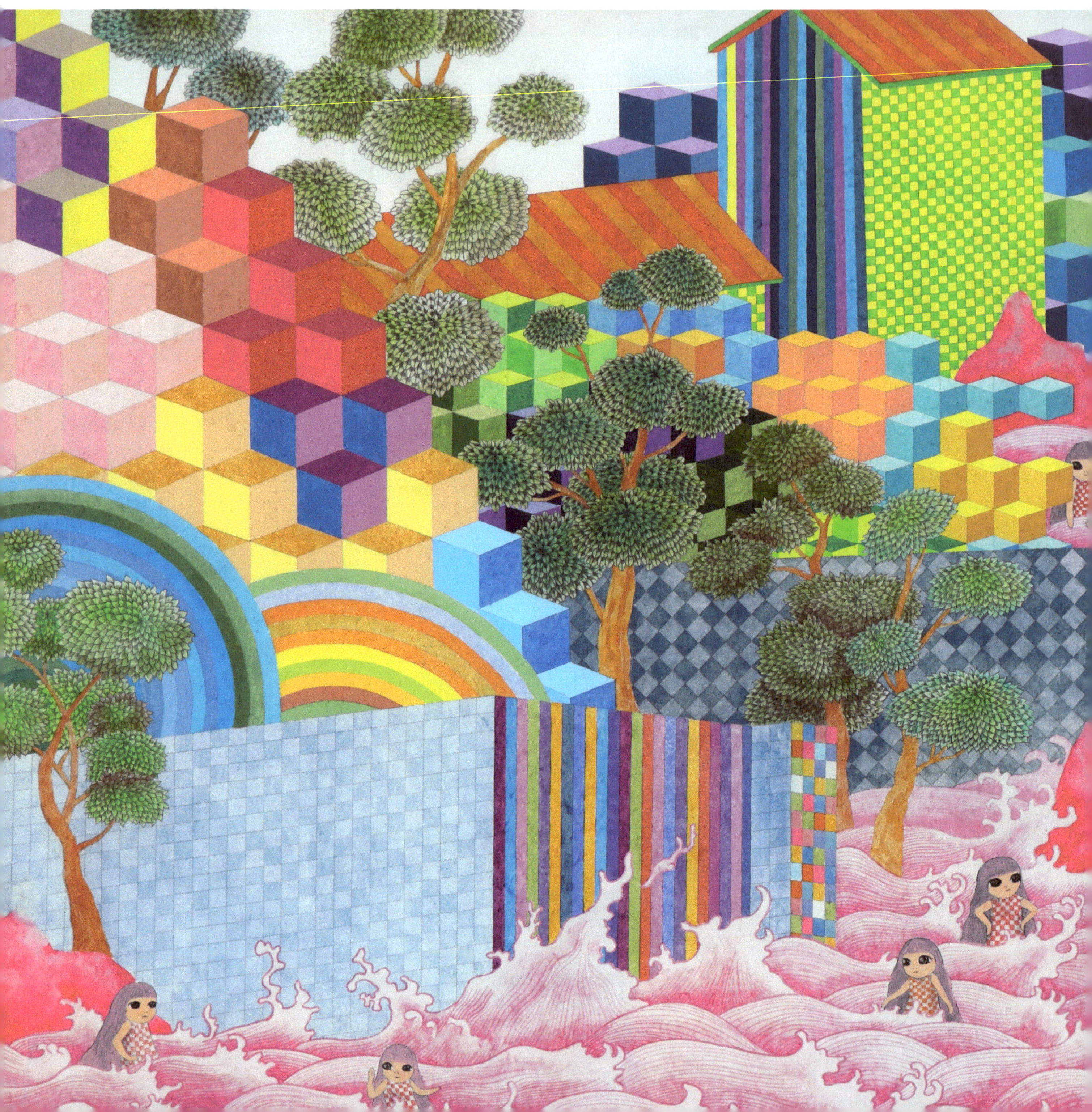

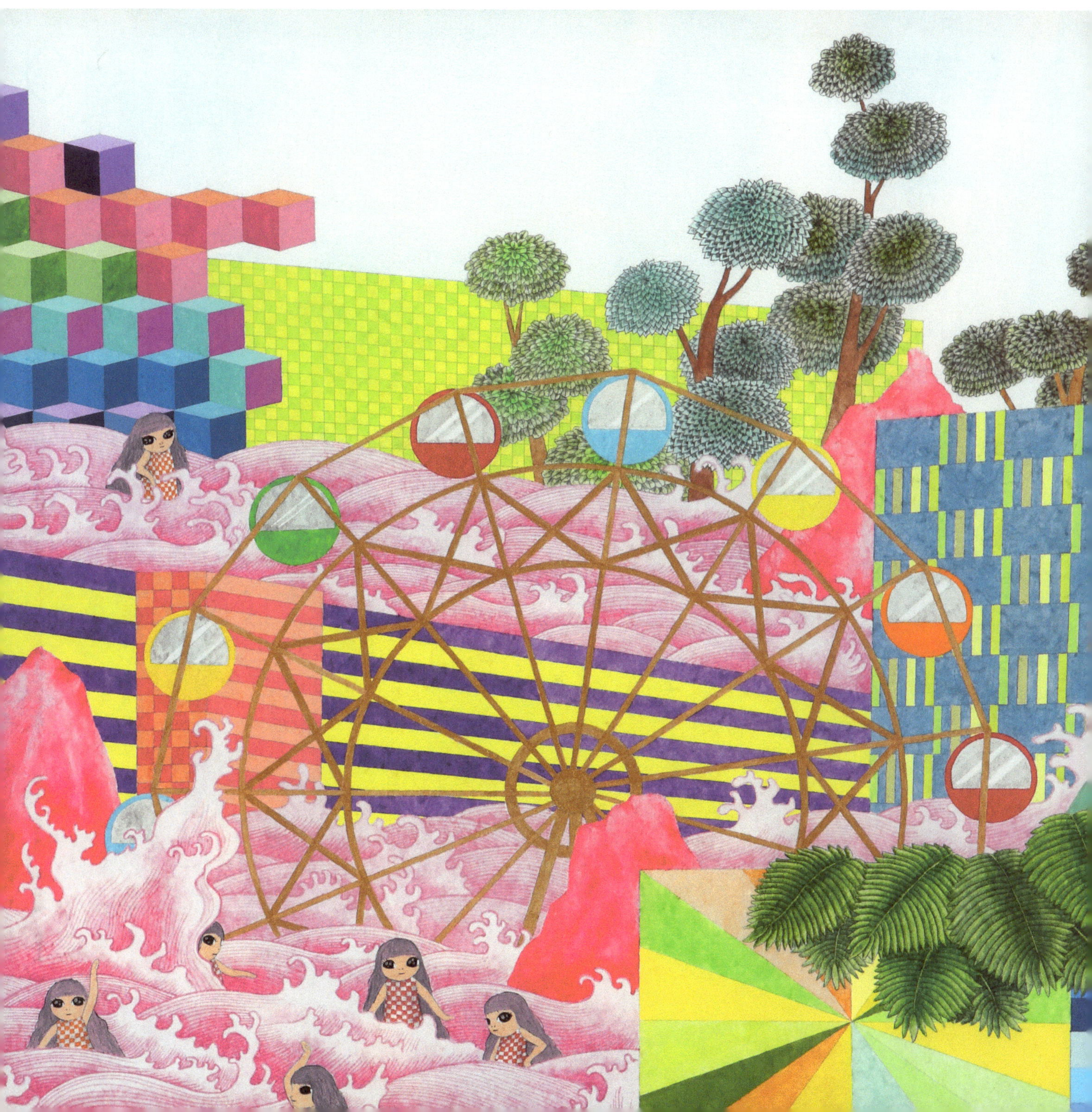

庭

In the garden

アリバイは自分がまだ母さんのお腹のなかにいて、生まれようかどうか迷っていたときのことを覚えていると言い張るのだ。まるで自分の一存で決めることができたかのような口ぶりで。「そうよ、あたしは一日中寝そべってられたのよ、ごはんは食べ放題だったし、あったかだったし、ウンチしたりお風呂に入ったりからだ洗ったりしなくてもよかったし。モルモン教とか市場調査とか聖遺物を身につけた証人の人とかが玄関にやってくることもなかったし」そりゃそうだろう、と僕も思う。あの頃はアリバイも幸せだった。今じゃ母さんは出て行ってしまったし、父さんは小屋に籠ったきりくる日もくる日も屑鉄を溶接している。タイムマシンを作っているんだそうだ、もうじき皆んなで母さんに会いに行けるんだって。でも僕は誤魔化されやしない、ニュートリノや空間と時間の相克について父さんがどんな熱弁を振るおうと。毎日僕は家じゅうの時計の針をほんの少し戻すんだ。そうやってここで一分、あそこで三十秒、掠め盗ってゆく。時には五秒や十秒だって満足する。集めた時間は裏庭に持って行って土に植える。夕方には時間が伸びる音に耳を澄まし、夜になるとポーチの階段に座ってお茶を飲みながら時間が花を咲かせるのを見守る。小屋の中の父さんは相変わらず狂ったようにハンマーを叩いたり鋸を挽いたりしているけど、なぜか最近はその音が妙に心地よく感じられるようになってきた。僕には分かっている、遅かれ早かれ、僕らはどうにかしてあの頃へ戻ってゆくだろう。母さんは暗がりのなかで僕の隣に座って、僕らが共に花に咲かせて失った歳月を見つめるだろう。それから母さんはマグカップを置いて、屈みこみ、僕の顔を剥がし取る。そこには土と時間が絡まり合って、みだりに生い茂り、腐りかけてしまっている。母さんはそれを掻き出してくれるだろう、そうして底の方から一掴みの光を引きずり出し、そうっと解き放ってくれるだろう。

数えきれぬほど

Countless times

春が来る直前の、まるで鼻がぽっきり根元から折れてしまいそうなほど、凛と青く冷え渡った冬の日だった。僕らは山頂を越えていた。早朝の大気は板ガラスみたいで、その上をスケートしてふもとで僕らを待ち受ける町まで滑り降りて行けそうだった。日の出を見ていた彼女が振り向いて言った。「すっごい綺麗。まるでこの世の始まりみたい」鳥が一羽風のなかで急に向きを変えて、からだをくねくねさせた。「でも埃っぽい部屋のなかで首を刎ねられた人たちはどうなるんだい？」と僕は言った。「最新型の暗黒時代がやって来たみたいにさ。兵隊どもがうろついていてヤバくって絶対足を踏み入れられない都市だってあるし、世界中がキレまくってとんでもない事件ばかり起こってるじゃないか？」それでも町の上に昇る太陽を見ていると、彼女の言わんとすることも分からないではなかった。例の鳥は僕らのことなんか気にせずくねくねダンスを踊り続けていた。「あたし達、どうやってここまで来たのかしら？」彼女が訊ねた。「強引な外交政策。最大石油産出時期。ビッグブラザー。ビッグビジネス。怒れる強欲な少数者・・・分かんないよ」剥がれかかった泥板岩に蹴つまづきながら僕は答えた。「マーシャル、ルメイ将軍、リンドン・ジョンソン、トルーマン、レーガン、クリントン、ブッシュ、オバマ・・・自由、平等、博愛？」「そうじゃなくって」彼女は僕を遮って言った。「私がいっているのはここのことよ、今いるこの場所。あたしたち、山を登った覚えなんてないじゃない。覚えているのは、暗闇のなかで怒ったように呟いている声と、半時間くらいこの下り道を歩いていたってことだけ。考えてみれば、あたしこの山の名前だって知らないわ、あなたの名前も、あたし自身の名前すら」彼女は怯えた声を出した。僕はあたりを見回したが、彼女の言う通りだ。ここがどこなのか、どうやってここへ来たのか、僕にも分からなかった。なにもかもに見覚えはあった、まるで数えきれないくらいここへ来たことがあるかのように。でも何ひとつ名前を持っていないのだった、僕も彼女もぽっかり眼下に沈んだ谷間も。僕は手で顔を覆って子供のように泣き出した。「おお、よしよし」彼女は僕のもう片方の手を取って、引っ張って歩きながら言いきかせた。「ひとつひとつ名付けてゆくの、それだけのことよ」その時僕には彼女がタフで妥協を知らない人などだと分かった。きっと大丈夫、うまくゆくはずだ。僕らには何千年もの時間があったのだから。

対話者

Interlocutor

「時間というのは我が皮膚の下のインチキである」彼は栓抜きを掴み上げてその点を強調してみせた。ジェロニムは警官でしかも看守だったが、私は彼を生涯にわたって愛してきたし、今だってそれを止めるつもりはなかった。
「我が皮膚は我らがなりし空気の予感である」私はやり返した。「そして大地、空喰らうものよ！」彼は私の誤りを正した。「君の足に従事している操縦士は組合券を失くしてしまったね」「私の顔は青い単調の素ぶり、ただ一捻りだ」「そして君のRNA、パスポート、その耳の端がかすかに擦り減ってら」「感傷的で官能的な、理由なき生物分解性よ」「星の炸裂、猿の頭蓋、ねえ君、感覚の相場は談合出来ないぞ！」「今ある私は、結局のところ、かつてあった私であったことよ」「動詞舐め、ここに在れ！」「そいでもって、愛すべき固き心、と行くかい？大地よ、嚢よ、炎よ」「大地よ、嚢よ、炎よ」私も喚き返した。「我らの頭の定食屋の中の青き光の裂け目」「我らの化学物質のための肉体的建浴槽の中の射出と噴霧」「69兆ドル！」「71！」「みんなが君を指差してるぞ！」「しかも画廊の人気は上々」「まるで真っ黒にまる焦げした赤ん坊みたいに」「私の腕の中でまだガーガー鳴いてる！」「常にそしてあらゆる場所でセロトニンの時代だったと云うのだろうか？」そんな風に、閑にまかせて、いつまでも、我らの皮膚の混乱からそっと言葉を放射しながら。

www.ingramcontent.com/pod-product-compliance
Lightning Source LLC
Chambersburg PA
CBHW051921210526
45473CB00006B/2089

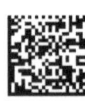